LA CRITICOMANIE,

OU

NOUVELLE GUERRE

AUX SPECTACLES.

De l'imprimerie de C.-F. PATRIS.

LA CRITICOMANIE,

(SCÉNIQUE),

DERNIÈRE CAUSE DE LA DÉCADENCE

DE LA

RELIGION ET DES MŒURS;

EN JUSTIFICATION DES LUMIÈRES

DU DIX-HUITIÈME SIÈCLE;

Pour faire suite au *Traité des Causes de l'Indigence et de l'Immoralité, et Moyens de les détruire.*

PAR MARC-FRANÇOIS HACHE.

TOME SECOND.

PARIS,

Chez DELAUNAY et PÉLICIER, libraires au Palais Royal;
Et CORBET, libraire, quai des Augustins, nº 63.
1819.

LA CRITICOMANIE.

—

Jʼai dit que je parlerais de plusieurs autres comédies ou entreprises de réformes, qui ont concouru à notre dissolution : j'en citerai encore de préférence quelques-unes du même auteur, par la même raison qui m'a déterminé à préférer l'exemple du Tartufe.

D'abord si l'on observe sans prévention le moyen dont l'auteur se sert pour réprimer l'avarice et l'usure, on voit avec peine qu'il met en spectacle, devant les enfants comme devant leurs parents, le fils d'un avare qui manque de respect à son père, qui l'insulte cent fois, tâche de lui attirer le mépris et la risée publique, le vole, le goguenarde et se rit de sa malédiction, de manière à mériter l'approbation des spectateurs ; on voit que la fille même manque à son père et s'en moque avec autant de succès dans cette pièce.

Que doit-il résulter de ce scandale inouï pour les jeunes spectateurs, ou pour les enfants qui, d'instinct, d'après le mouvement de leur cœur, et d'après leur éducation, doivent regarder comme de droit naturel le devoir d'aimer leurs parents, et le précepte de les respecter comme indispensable, absolu et tel que leur propre intérêt et la honte d'y manquer devraient du moins empêcher des enfants d'aller jusqu'à outrager ainsi l'auteur de leurs jours? Il en résulte, aux yeux de ces jeunes gens, qu'ils sont les esclaves d'un préjugé, que le précepte d'amour et de piété filiale n'est pas plus absolu ni plus respectable qu'un autre, qu'il est relatif ou conditionnel, qu'il n'oblige pas, qu'il est impraticable à l'égard d'un père avare, qu'il est permis, ordinaire, qu'il arrive nécessairement qu'un enfant méprise son père, le vole et se moque de lui quand son père est avare. L'exemple de Cléante leur rappelle continuellement qu'ils n'en seront pas moins estimés, que leur conduite imitée de la sienne sera également applaudie.

Et, de plus, les enfants ne pouvaient manquer d'étendre les conséquences et les applications de ces nouvelles vues. Ils ont reconnu des Harpagons dans tous les degrés de l'avarice, et même dans une sage économie : tel fils a insulté et volé son père, parce qu'il lui refusait les choses nécessaires à la vie ; tel autre a manqué au sien , parce qu'il ne voulait rien y ajouter ; celui-ci , adonné aux jeux , aux plaisirs , aux dépenses folles, s'est élevé insolemment contre son père prudent , en qui il voyait un autre Harpagon, parce qu'il lui refusait de l'argent , ne voulant pas contribuer à ses excès : celle-là s'est comportée de même envers sa mère qui, ayant ou prévoyant des besoins plus urgents, lui refusait le prix d'une parure dont elle pouvait se passer, etc.

On conçoit, ou plutôt on a vu jusqu'où cela a été, surtout dans la classe la plus nombreuse de la société, après que ce frein naturel, déjà privé de l'appui de la religion, a été rompu aussi : on a vu que les enfants ont manqué de soumission et de respect à leurs parents, non seulement pour cause d'avarice, mais encore sous prétexte d'autres défauts qu'ils leur trouvaient : on a vu la contagion des mauvais exemples seconder partout le théâtre qui a ainsi dénaturé la majeure partie des jeunes gens, lesquels ont vieilli et sont devenus pères à leur tour, après avoir laissé contre eux mêmes à la génération suivante l'exemple demépriser et insulter ses parents, et ainsi jusqu'à nous : enfin tout le monde doit voir aujourd'hui qu'au lieu de ces avanies publiques que Cléante fait à son père, avanies qui éveillent ou délient et mettent à l'aise les passions naissantes des enfants, il eût été bien plus sage de faire entendre à Harpagon, à l'insu de son fils, ou sans éclat, sans peinture irritante, ces paroles persuasives que j'emprunte d'un académicien célèbre : « Vos enfants sont vertueux, sensibles, reconnaissants, nés pour être votre consolation ; en leur refusant tout, en vous défiant d'eux, en les faisant rougir du vice honteux qui vous domine, savez-vous ce que vous faites? Votre inflexible dureté lasse et rebute leur tendresse ; ils ont beau se souvenir que vous êtes leur père, si vous oubliez qu'ils sont vos enfants, le vice l'emportera sur la vertu, le mépris dont vous vous chargez étouffera le respect qu'ils vous doivent. Réduits à l'alternative ou de manquer de tout, ou d'anticiper sur votre héritage par ressources ruineuses, ils dissiperont en usure ce qu'en usure vous accumulez. Leurs valets se ligueront pour dérober à votre avarice les secours que vos enfants n'ont pu obtenir de votre amour ; la dissipation et le larcin seront le fruit de vos épargnes ; et vos enfants, devenus vicieux par votre faute et pour votre supplice, seront encore intéressants pour le public que vous révoltez. »

Et pour compléter la leçon et en assurer mieux le succès, il aurait fallu de l'autre côté encourager aussi à la vertu la famille de cet avare, lui rappeler qu'il est du devoir absolu des enfants de respecter leur père, de supporter patiemment ses défauts sur lesquels ils doivent, à l'imitation du bon fils, jeter le manteau du respect et de l'amour ; que cette patience est l'exercice le plus noble, le plus méritoire que des enfants bien nés puissent faire de leur vertu ; que non seulement la voix du sang et celle de l'honneur, mais l'humanité et la religion, qui recommandent l'indulgence envers tous nos semblables, leur en font un devoir bien plus rigoureux envers leur père. Il aurait mieux valu aussi leur rappeler que de bons parents, avant de se révolter et d'en venir à des extrémités fâcheuses contre leurs enfants ingrats et dénaturés, souffrent long-temps, meurent quelquefois de chagrin ; que de bons enfants, qui ont moins droit d'exiger, ne sont pas obligés à moins de combats et d'égards pour leurs parents indifférents et injustes, dont, au reste, l'insensibilité ne résiste pas toujours aux efforts constants de la tendresse, ou du respect filial ; et que probablement leur père se souviendra enfin qu'ils sont ses enfants, s'ils n'oublient pas qu'il est leur père ; et puis ajouter que si, en attendant que l'amour paternel se réveille dans son cœur, ils se trouvent dans le besoin, alors ils doivent penser qu'appartenant à un père disgracié de la nature, il est raisonnable qu'ils s'assimilent aux enfants d'un père disgracié de la fortune, et suivent les exemples qu'ils en reçoivent de se servir soi-même, de se contenter de peu, de ne pas désirer de superflu, de travailler s'il le faut, se rendre utile aux autres, tirer parti de ses talents et de son industrie ; ou de se jeter dans les bras de sa famille, de ses amis, invoquer leur appui.

La révolution qui a ruiné tant d'honnêtes gens fournit nombre d'exemples d'une pareille conduite qui est naturelle, qui a été celle de beaucoup d'émigrés élevés dans l'aisance, et qui doit être imitée par tous les malheureux faits pour exciter l'intérêt des particuliers et mériter des applaudissements et l'estime publique. Conseillés et agissant ainsi, les enfants ne seront pas plus forcés à voler leur père que leurs compagnons de malheur ne le sont à voler leurs concitoyens.

Donc une comédie qui offrirait ces avis d'un philosophe eût été bien nécessaire pour servir de correctif à celle de l'*Avare*.

Cette méthode simple qui aurait pu avoir dans cette rencontre au moins autant d'utilité que l'autre, sans en avoir l'inconvénient capital que je viens de signaler, non plus que celui d'affaiblir davantage des parents déjà faibles qui, trop sensibles aux ridicules et aux reproches dont ils voyent accabler Harpagon, donnent dans l'excès contraire, se laissent fléchir et mener par des enfants exigeants et prodigues qui les ruinent avec leurs créanciers. Aussi on a pu remarquer encore que la satire de l'avare a donné lieu aux désordres de la prodigalité plus qu'elle n'a corrigé ceux de l'avarice, et que sous ce seul rapport elle a déjà été très-nuisible à la société : cette méthode simple, dis-je, susceptible de contrepoids ou de correctifs que ne permettent pas les règles ou les entraves de l'autre qui sacrifie tout à l'envie de faire rire, à la nécessité de divertir, aurait pu être employée plus heureusement aussi à arrêter beaucoup d'autres extravagances ; comme celles des vieux maris, par exemple, et celle qui est jouée dans la pièce de *Georges Dandin*.

Quant à celle-ci, où l'on voit une épouse prêter l'oreille aux fleurettes d'un amant, en recevoir des lettres, lui répondre, lui donner un rendez-vous nocturne, chercher à déshonorer son mari, dont elle raconte les ridicules à un séducteur à qui elle fait un signe de pitié au moment où on lui rappelle le respect qu'elle doit aux nœuds sacrés du mariage ; et tout

cela se faisant de manière à divertir, à être approuvé des spectateurs, à faire applaudir l'infidé-
lité, les détours, les mensonges,
l'impudence ; quant à ce spectacle, dis-je, il n'y en a pas de plus
dangereux pour les femmes de
tous les rangs et de tous les ordres;
parce qu'en voyant applaudir une
femme *noble* de mépriser ainsi les
devoirs du mariage, de fouler aux
pieds le précepte de la foi conju-
gale, en un mot de se jouer de son
mari, sous prétexte qu'il est pay-
san, il n'est pas douteux que les
femmes *roturières* n'aient *la no-
blesse* de penser qu'il doit leur
être permis d'en agir de même

envers leurs maris, quand ils sont *lourdauds*, malotrus ou bêtes, etc.

Et puis, qui ne voit que la différence des fortunes, après que le frein a été rompu et le pas franchi, a dû produire les mêmes effets que la différence des rangs, et que la fille d'un riche négociant, par exemple, qui épouse un petit commis sans fortune, peut se croire aussi bien fondée que la pauvre de *Sotenville* à mépriser son mari et à fouler aux pieds les engagements qu'elle a pris avec lui, lorsqu'il vient à lui plaire moins qu'un amant? Quand

même le séducteur ne pourrait
lui dire de son mari, comme Cli-
tandre dit de *Georges Dandin*,
qu'il n'est pas digne de l'hon-
neur qu'il a reçu, il pourra lui
dire qu'*il ne l'est pas du bonheur*
qu'il a eu; et cette raison du mépris et des outrages sera trouvée
aussi bonne que l'autre. C'est par
de pareilles leçons de morale que
des distinctions, imaginaires ou
de convention, auxquelles la nature continue, malgré tout, d'a-
voir peu d'égards, et qui ne diri-
geant pas dans leurs choix les jeunes cœurs sans ambition, deviennent plus tard, dans le temps, des
préjugés, des prétextes à l'incons-

tance, des titres pour mépriser ses devoirs les plus sacrés. Les satires, dans un sens philosophique, qui font triompher les droits de la nature de ceux des préjugés sont donc plus utiles dans cette circonstance aussi.

Je trouve que ce fut avec bien de la raison que d'autres ont encore dit avant moi que les comédies dirigées contre les vieux maris sont également pernicieuses aux mœurs, parce que les femmes qui ont vu applaudir toutes les ruses, les tours perfides et scandaleux, les infidélités qu'une épouse fait à son mari, à cause qu'il est trop vieux, ne doivent plus avoir de peine à se persuader qu'on peut en faire autant à un mari *trop jeune*, léger, volage, et toutes les fois, bien qu'il soit d'un âge convenable, qu'on ne jouit pas d'un plus grand bonheur, ou qu'on est plus malheureuse avec lui que s'il était vieux, ce qui arrive assez souvent; comme quand il est ou qu'on le trouve froid, indifférent, d'un mauvais caractère, grondeur, bourru, méchant, contrariant; quand il n'est ni beau, ni bien fait, ou qu'une maladie l'a changé, affaibli et *vieilli*; quand il refuse de fournir toutes les choses nécessaires à la coquetterie; en un mot, lorsque, par tant d'autres raisons, par sa propre inconstance à elle-même, l'épouse vient à *se croire mal assortie*, cesse d'aimer son mari jeune, et se trouve aussi malheureuse et dans la même position que celle qui n'a jamais aimé son mari vieux.

L'effet de cette comédie ne se borne pas à engager les femmes à se moquer de la morale pour punir leurs vieux maris et autres; elle encourage également les maris à punir de la même manière leurs vieilles épouses; ce qu'ils ont fait et font, comme chacun sait, avec les gradations et toute l'extension dont je viens de montrer que la leçon fut susceptible.

Il y a plus encore ; c'est qu'en voulant contribuer de cette manière au plus grand bonheur des jennes femmes, l'auteur les a rendues infiniment plus malheureuses qu'elles ne l'étaient auparavant, et en augmentant beaucoup les désordres. En effet, les vieux, et une bonne partie même des hommes entre deux âges, que ces tableaux de honte et de déshonneur n'ont guères moins intimidés, se rappelant ou se formant des raisons de croire qu'on n'était pas encore parfaitement à l'abri d'inquiétude avec des femmes plus âgées, ont fui le mariage , n'ont plus voulu prendre que des engagements clandestins ou privés et conditionnels, faciles à rompre ; c'est-à-dire , qu'ils ont vécu en concubinage avec celles qui leur plaisaient , tant qu'elles se comportaient à leur gré. Ceux qui ont mieux rempli l'objet de la leçon ont encore fait plus de mal ; ils se sont mariés , par les raisons de convenance recommandées , avec des femmes plus vieilles qu'ils n'aimaient pas; mais comme, en général, ils appartenaient à la seconde et à la troisième écoles, et qu'ils n'étaient pas en état de renoncer

aussitôt à leur goût pour les jeunes
ils en ont pris pour maîtresses, et
ont vécu avec elles dans un commerce doublement illégitime, d'où
il est résulté des enfants adulté-
rins, des bâtards, qui n'avaient pas
d'état, que la société ne savait à
quel rang placer, qui déshono-
raient ou troublaient les familles.

Dès-lors ce ne furent plus les
jeunes épouses qui trompèrent les
vieux maris; ceux-ci sont devenus les trompeurs; oui, ces espiè-
gles ont fait faux bond à leurs fi-
dèles moitiés; ils ont eu à leur
tour des intrigues, des confi-
dentes; ils ont reçu des lettres secrètes, des poulets ou billets doux;

ils en ont écrit, ils ont donné des rendez-vous aux jeunes femmes qui avaient alors beaucoup d'attentions pour eux, qui les flattaient, qui leur souriaient agréablement en signe d'affection, ou du moins de reconnaissance. Quel heureux changement! combien les hommes ont dû applaudir à cette inspiration de la comédie, par laquelle ils étaient parvenus à régner avec un pouvoir absolu sur celles dont le mariage les rendait les esclaves et les jouets!

Ayant de plus en plus sujet de se défier d'elles, depuis qu'on leur retraçait continuellement un si beau plan de conduite avec les maris, ils ont toujours évité, autant que possible, de se les attacher par des liens légitimes et durables ; ils les ont prudemment tenues dans leur dépendance, afin de pouvoir les maîtriser, ou les quitter à volonté pour en choisir d'autres. En se conduisant de la sorte, ils avaient des jeunes femmes, et riaient les derniers en dépit de cette satire, qui fut aussi malheureuse que les autres.

Le changement de maîtresses, si conforme à la passion qui les fait rechercher, n'ayant pas de frein, est devenue une mode, ou un régime ; elles passaient de l'un à l'autre ; à tout âge , avec de l'argent , on était sûr de ne pas en manquer ; il s'était même établi des courtiers des deux sexes qui en procuraient, qui en faisaient commerce! et malheureusemen', cette histoire n'est pas celle de désordres qui ont fait moins de progrès que les autres.

C'est ainsi qu'une multitude de jeunes personnes infortunées qui, sans autre dot que les charmes de la jeunesse et de l'honnêteté, pourraient encore fréquemment trouver des partis avantageux , vivre heureuses et honorées, servir d'exemples encourageants à leurs compagnes, si on les eût exhortées à la reconnaissance, à la sagesse, et soutenues par de bons conseils, ou des leçons *opposées* à celles qu'on leur a données, ont perdu pour long-temps cet espoir. Oui, depuis que des comédies les ont rendues si redoutables en mariage, elles sont devenues, pour la plupart, des passe-temps, des jouets, des objets du plus honteux commerce. Cette dissolution des mœurs publiques, qui avait déjà dans des rangs supérieurs un ancien foyer indicatif aussi de la route que pouvaient suivre les objets de cette autre leçon violente, est descendue, par la voie des spectacles, jusque dans les derniers rangs de la société.

« Mais la corruption, à son comble portée,
Dans le cercle des grands ne s'est point arrêtée :
Elle infecte l'empire ; et les mêmes travers
Règnent également dans tous les rangs divers ».

Elle a passé en effet de la cour à la ville, des vieillards aux jeunes gens, et des riches aux pauvres. Il est aujourd'hui peu de bourgeois, de commis, d'artistes et ouvriers même, qui ne commencent par avoir une maîtresse, une *bonne amie*, qu'ils entretiennent ou aident pendant quelque temps, qu'ils déshonorent, qu'ils avilissent et abandonnent ensuite ordinairement. Voilà une source principale de cette foule de femmes perdues ou prostituées que l'on rencontre partout, dont le sang vicié se perpétue dans de malheureux enfants qui arrivent au monde chargés de toutes les disgrâces.

Je mets encore le *Misantrope* au nombre des ouvrages de Molière qui ont porté atteinte aux mœurs. Je sais que cela a été démontré aussi par d'autres beaucoup mieux que je ne saurais le faire : quoi qu'il en soit, voici comment je le conçois moi. Alceste est véritablement vertueux, ou il n'a que l'apparence des vertus : dans la première supposition, on se moque de lui injustement, parce qu'il a le caractère et le ton convenables à un homme de bien, *personnellement trahi de toutes parts*, indigné de la corruption des hommes, *dès long-temps aigri* par les injustices et la perfidie de ceux qui l'entourent, dont cette critique le rend encore le jouet et la risée, pour combler son malheur et le scandale.

Et dans la seconde supposition, on ne peut pas disconvenir que, seulement à cause de cette apparence d'homme de bien qui lui est donnée, apparence telle qu'il faut *examiner, raisonner,* comme a fait *Laharpe* en essayant de réfuter *J. J. Rousseau,* pour prouver que Molière n'a pas voulu en faire un homme vertueux, l'effet de cette comédie a dû être pour les trois quarts et demi des spectateurs le même que si cet auteur célèbre avait eu réellement l'intention de se moquer d'un homme vertueux. Le public ne fait pas de syllogismes, ni ces raisonnements profonds ; on ne doit pas être obligé de les faire pour déterminer l'effet d'une comédie. Pour moi, je suis persuadé que Molière n'a pas voulu faire ici un *second tartufe,* mais un *misantrope,* et qu'il a fait d'Alceste un honnête homme. En effet, il le représente professant constamment qu'un homme d'honneur doit être franc et sincère, et ne rien dire qui ne parte du cœur; qu'il se ferait plutôt pendre que de trahir sa conscience. Il professe aussi sans se démentir qu'on ne doit pas prostituer son estime, qu'il faut distinguer l'homme respectable du faquin, et avoir pour les méchants une haine vigoureuse: il s'indigne de voir des fourbes et des lâches bien accueillis et supplanter les plus honnêtes gens. Il est possédé d'une passion folle, à la vérité; mais il la combat, il en triomphe en homme vertueux. Il dit avec honte et dépit à Célimène, à cette femme spirituelle, adroite et fausse (autre modèle charmant de ruses et de perfidies):

Morbleu!.... faut-il que je vous aime!
Ah! que si de vos mains je ratrappe mon cœur,
Je bénirai le ciel de ce rare bonheur!
Je ne le cèle pas, je fais tout mon possible,
A rompre de ce cœur l'attachement terrible...

Il dit plus bas à cette coquette

...... Que quand il en devrait mourir,
Elle a des goûts qu'il ne saurait souffrir.

On voit que, malgré sa rudesse, il sait pardonner aussi les injures; puisqu'il veut bien oublier les perfidies de Célimène, pourvu qu'elle prenne le seul moyen qui lui reste de réparer le mal qu'elle a commis et d'éviter les rechutes; moyen qui consiste à s'éloigner des séductions, à se retirer avec lui dans une solitude, comme alors on se retirait seul dans un couvent par des raisons semblables sans que personne y trouvât rien de bien ridicule. Enfin, je pense que cet homme,

Trahi de toutes parts, accablé d'injustice,
Qui veut sortir d'un gouffre où triomphe le vice,

ne peut être qu'un homme probe, d'une grande sensibilité et *excédé*;

ce qui est plus respectable que risible. Combien d'autres en ont agi de même, dont la mémoire est proposée à notre admiration !

Au surplus, de tels excès étaient rares, ou plutôt n'existaient point. L'auteur, par une autre inconsidération, pour tirer parti du ridicule d'une vertu chimérique, s'est mis dans le cas de paraître se moquer de l'antique bonne foi, de la probité à toute épreuve, et lui préférer la bonne foi *conditonnelle*, la probité accommodante et vénale, à laquelle nous sommes parvenus, grâce aux plaisanteries outrées qui ont été faites

contre l'exacte et austère vertu,
à la satisfaction des fourbes polis,
souples et raffinés dont le nombre
a grossi ensuite plus librement et
domine aujourd'hui partout.

Cette pièce devait parfaitement
concourir avec celle du *Tartufe*
à la décadence des mœurs, par la
raison encore que dans celle-ci on
soulève de fait les vices, on leur
donne des armes contre la vertu
qu'ils ne ménagent point, et que
dans le *Misantrope* on prescrit à
la vertu de ménager les vices, de
les supporter en silence, *vu qu'ils
sont unis à l'humaine nature ;*
de vivre d'accord, par conséquent,

avec les fourbes, les fripons, les scélérats même. On y rit de la juste indignation que ces monstres excitent et du projet de s'en éloigner. Il faut rester au milieu d'eux, et

Prendre tout doucement ces hommes comme ils sont,

Accoutumer son âme à souffrir ce qu'ils font ;

les flatter même, leur faire bonne mine, des politesses, des compliments. Hélas ! ces lâches préceptes, qui supposent la réforme et la répression impossibles, l'éducation et les lois inutiles, ou les mauvais exemples sans dangers, n'ont eu que trop de succès ; les respects, les hommages, sont prostitués, tous les égards dûs à la franchise, à la loyauté, sont prodigués au vice, à l'homme déloyal par les élèves de cette école; la vertu est devenue inutile, souvent nuisible auprès d'eux: celui qui la pratique encore rigoureusement en est regardé comme une tête faible, traité d'imbécile, sinon d'*hypocrite*.

Mais après avoir vu que le vice est l'objet de recommandation dans le *Misantrope*, que nous devons le traiter avec douceur, l'envisager et le supporter comme un attribut de l'humanité, que la vue d'un fourbe, d'un voleur (et sans doute d'un hypocrite aussi) *ne doit pas plus nous courroucer que celle d'un loup ou d'un singe malfaisant, etc.*, observez que dans le *Tartufe*, l'auteur nous montre le vice sous ses couleurs les plus odieuses , qu'il emploie tout son talent à nous le faire avoir en horreur, à nous rendre insupportables jusqu'à ses apparences ; il nous apprend à le poursuivre, à le démasquer sans ménagement; il le confond, il le fait punir sévèrement ; Tartufe est traité par Orgon, *en face et avec courroux*, d'ingrat, de traître, scélérat, méchant animal, que tous les personnages de la pièce, animés des mêmes sentiments, voient sans pitié, avec grande joie au contraire, saisi par des archers et conduit dans un cachot; faites cette observation, et il s'ensuivra qu'Alceste est puni, que sa vertu est ridiculisée, parce qu'il se livre ici contre les hommes vicieux à l'indignation qui est provoquée contre eux dans le *Tartufe*. La contradiction n'est pas douteuse. Mais combien vous fûtes punissables de ce côté-là, foudroyants Bourdaloue, Bossuet, Massillon, vous qui ne vouliez pas transiger même avec les vices des rois!

Et après cette clémence, plus que divine, comme l'auteur, par une autre contradiction, le montre lui-même dans son *Festin de Pierre*, où Dieu engloutit un méchant, recommandée dans le *Misantrope* envers les agents de tous les désordres de la société, des plus grands maux qui accablent les hommes ; si vous vous rappelez les coups sensibles et redoublés qui ont été portés aux femmes les plus innocentes des malheurs du monde ; si vous réfléchissez à l'extrême rigueur avec laquelle ont été punies par le même auteur dans deux autres pièces fameuses des fautes de grammaire, ou des

ridicules, quelques travers à l'é-
gard desquels ses préceptes d'indulgence étaient excellents et obligés; si vous remarquez encore qu'a-
près avoir ridiculisé les délasse-
ments et les plaisirs honnêtes des
sociétés les plus décentes de son
temps, et avoir renvoyé durement
*à leurs aiguilles et à leur pot au
feu* des femmes plus opulentes et
plus distinguées que la Dlle de
Sotenville, personnage de l'*Ecole
des Femmes*, il donne pour exemple cette dernière qui a des goûts
et tient une conduite tout-à-fait
opposés à celle qu'il prescrit aux
autres ; car c'est bien la proposer
de fait pour exemple contraire que

de la rendre le personnage aimable de la pièce, et de lui donner raison, la faire applaudir en public lorsqu'elle rejète les remontrances de son époux, qui lui rappelle des préceptes appropriés à celui des *aiguilles* et du *pot au feu*, et refuse de se consacrer à son ménage et à sa famille, en déclarant *qu'elle ne veut pas s'enterrer, qu'elle n'entend pas renoncer aux plaisirs du monde, qu'elle se moque de ce que disent les maris, qu'elle veut jouir indépendamment d'eux des beaux jours de sa jeunesse, s'entendre dire des douceurs, en un mot voir le monde ;* tel est le langage de *la maîtresse* de cette école (Ariste que Molière rend exemplaire aussi dans l'*École des maris* est parfaitement de l'avis de donner toutes ces libertés aux femmes ; elles en ont bien joui depuis ces inspirations; quand on les leur a refusées, elles les ont prises); si on fait ces rapprochements ou remarques, dis-je, sans prévention , il est impossible, à la vue de tant de contradictions incontestables et de cette variation de principes et de conduite de ce fameux poète comique , de ne pas soupçonner au moins que son désir d'améliorer les mœurs était aveuglé et dirigé par une verve impérieuse et désordonnée qui le portait à appréhender et fronder à tort et à travers telles classes, telles professions et réunions, ou telles personnes, et de faire rire le public à leurs dépens , et au profit de sa manie et de sa renommée. Je sens le besoin de rappeler ici cette maxime :

Amicus Plato , sed magis amica veritas.

On peut même voir aussi l'exemple en contradiction avec le précepte sans sortir de la comédie du *Misantrope*, dans laquelle, tout en recommandant l'indifférence, ou une tatitude respectueuse et polie à l'égard des hommes pervers, on tourne impitoyablement en ridicule les simples torts de l'exacte probité, on accable de chagrin et de honte l'honnête homme sans fard et incorruptible; on proscrit en lui tous ceux dont l'exemple et la censure redoutable préviennent tant d'excès plus dangereux opposés à ceux de l'austère vertu, excès dont les leurs sont un salutaire contrepoids.

Mais pourquoi réserve-t-on la rigueur ici pour ceux qui sont les moins coupables? Ce ne peut être par la raison qu'il en est un plus

grand besoin pour les corriger ;
il n'est pas permis de penser que
les moyens ordinaires de réforme,
que la persuasion, les bons exemples, surtout cette patience, cette
modération, recommandées envers
les fourbes et les méchants, n'agissent pas aussi efficacement sur des
hommes profondément pénétrés
de l'amour des vertus que sur
tout autre ; on use ici de plus
de rigueur, on est inconséquent,
injuste, par cette raison que j'en
ai donnée déjà : que ces in-
conséquents , ces contre-sens ,
ou cette forme de leçon dont
les effets sont opposés à l'objet
du fond est un ressort drama-

matique le plus souvent nécessaire pour attacher, égayer et rappeler le public. Ceci étant regardé comme un succès complet à d'autres égards, *advienne que pourra*, peut dire l'auteur.

Il me paraît sensible que c'est encore sans juste raison, sans nécessité et malheureusement, que Molière a employé un moyen extrême, l'arme terrible du ridicule, contre le probe, le délicat et trop sensible Alceste. La guerre injuste qu'il a faite ici à la vertu, ainsi que la guerre inconsidérée qu'il fit au vice dans *le Tartufe*, a été continuée par d'autres *maîtres en fait de cette arme*, qui, à son imitation, ont *sabré* aussi les hommes vertueux, sous le même prétexte qu'ils ne l'étaient pas *avec perfection.....*

Ces éplucheurs de vertus ressemblent parfaitement aux spadassins qui cherchent des occasions de ferrailler, et qui, pour un oui, pour un non, mettent l'épée à la main (1).

---

(1) La plus forte preuve qu'une verve irrésistible entraînait notre premier poète comique, et ne lui laissait pas toute liberté de réflexion et de jugement, c'est qu'il n'a pas pu s'apercevoir, avant de composer la comédie du *Misantrope*, qu'il donnait personnelle-

Après quelques autres observations, il sera facile d'expliquer ce prodigieux changement survenu entre les assemblées de la bonne compagnie du siècle de Louis XIV,

---

ment le plus sensible exemple de misantropie ; qu'il avait lui-même le caractère qu'il allait jouer, qu'Alceste suivait ses traces, et ne les suivait même que de loin.

En effet, ne faut-il pas être doué d'une excessive vertu, d'une extrême délicatesse, être bien austère, bien rigoriste, avoir beaucoup d'humeur et plus d'impatience encore qu'Alceste ; c'est-à-dire, être plus grand Misantrope, pour s'abandonner à gourmander, à satiriser indistinctement les personnes, ou leurs vices, leurs défauts, leurs travers et les goûts, les habitudes, les écrits, des paroles, des mots, des frivolités ; à frapper

et celles correspondantes du siècle suivant; on verra clairement la cause de la différence extrême de leurs mœurs. Les premières, mal-gré des ridicules qui doivent ac-

---

sans mesure, sans égards, des traits cruels du ridicule, la cour et la ville, hommes, femmes, tous les rangs, tous les ordres ?....

Le refus net qu'il fit à Madame, de sacri-fier les mots *grand flandrin de vicomte qui crachait dans un puits pour faire des ronds*, est un acte de rudesse, d'inflexibi-lité, de misantropie, plus grand qu'aucun de ceux d'Alceste; car il pouvait fléchir là sans trahir sa conscience et la vérité, comme l'aurait fait le Misantrope, s'il avait déclaré bons des vers qu'il trouvait mauvais, etc.; et celui-ci est jugé dûment ridiculisé, tandis que celui-là, plus passionné, entêté avec compagner les pauvres humains sous cette forme ou sous une autre, jusqu'à leur dernière postérité, se distinguaient par une grande délicatesse, par l'exacte observance des règles du respect et de la décence, et surtout par une morale très-sévère, que les hommes savaient unir à la galanterie. Les femmes n'avaient rien de plus précieux que les prérogatives de leur sexe ; elles préféraient à de plus doux plaisirs les

moins de raison, et qui frappe moins juste, reçoit des louanges : on approuve son franc-parler, son indépendance, sa rigueur et tous les *rudes coups* qu'il porte!

jouissances de leur propre estime et de l'estime des autres. On s'y faisait un point-d'honneur de se bien acquitter de ses devoirs de chrétien, de citoyen, d'époux et de père. Si on y supportait des fadaises, des petits raffinements de vanité, quelques manières ou des phrases de *mauvais goût*, l'homme pervers y était en horreur; on y frappait d'anathème les cœurs corrompus. Celle dont notre poète s'est moqué particulièrement, qui se réunissait à l'hôtel de Rambouillet, était composée des femmes les plus recommandables par leur rang et leurs vertus, dont un sage, dont Fléchier a fait le plus bel éloge, dont les mœurs en effet étaient les plus édifiantes.

Cette brillante réunion avait une grande influence sur toutes les autres, tant de Paris que des provinces, qui en relevaient, dont elle était comme la capitale. Elle donnait, ainsi que celle de *Longueville*, l'exemple et le ton d'une vraiment bonne compagnie, ce qui propageait et entretenait les bons principes.

J'entends les lecteurs prévenus ajouter qu'elles en propageaient aussi de mauvais. Quelle pitié ! mais ne cessera-t on pas de mettre en balance le mal que ces réunions pouvaient faire au *bon goût,* avec le service qu'elles rendaient aux bonnes mœurs, avant d'avoir été ridiculisées et déconsidérées ! N'est-ce pas préférer aux cœurs purs, si rares, si nécessaires, les puristes ou rigoristes, les beaux esprits si communs, si indifférents pour le bonheur général, et qui fourmillent parmi les hommes odieux, parmi ces êtres dégradés qui préfèrent le nom de fripon à celui de sot ?

On sait que la comédie des *Précieuses ridicules,* représentée plusieurs années avant celle des

Femmes savantes, avait déjà flé-
tri, et annulé de même, l'autre
réunion de femmes vertueuses et
les plus polies, les plus aimables
que la France possédait alors. Les
Sévigné, La Fayette, Deshouliè-
res, etc., furent assaillies des traits
de cette satire, jusqu'au point
d'avoir été désignées nominativement à tous les goguenards de
l'Europe, dans le grand diction-
naire des *Précieuses*, imprimé
deux ans après. Molière ne les
avait pas en vue dans cette satire,
dit-on; il est permis d'en douter;
mais au reste, que fait l'intention
de l'auteur, lorsqu'il ne peut arrêter l'action de sa satire aux limi-

tes qu'il lui a fixées ? Elles n'en ont pas moins reçu les atteintes ; comme les vrais dévots, qu'il ne voulait pas jouer non plus, ont ressenti huit ans plus tard les pointes mortelles du *Tartufe* : cela suffit à ma thèse.

Oui, d'après toutes les traditions qui les concernent, la douce harmonie d'un commerce pur régnait dans ces assemblées composées de l'élite du sexe, de femmes douées des plus belles qualités de l'âme, dont les petits défauts qu'on leur reprochait tenaient, pour la plupart, à ces qualités supérieures. Non-seulement elles ne faisaient de mal à personne, mais elles étaient sensibles et bienfaisantes; elles coulaient en paix et honorablement leurs jours dans la pratique de toutes les vertus sociales ; et, je le répète, elles exerçaient la plus grande et la plus salutaire influence sur les mœurs de la capitale, et même de la nation entière.

Sans doute ces femmes étaient précieuses par le bien qu'elles faisaient. Il ne fallait pas les faire insulter, ni faire dire à des femmes comme celles-là, *d'aller se cacher;* il fallait punir moins rigoureusement le *crime* d'avoir dit que

le chapelet est une chaîne spi-
rituelle, que *l'eau est le miroir*
céleste, que *le ciel est gros de*
lumière, etc., bien que ces mots,
comme ceux de *ma chère*, soient
abominables; il fallait encore tolérer leur jargon comme on tolère
le patois des bonnes gens de la
campagne; l'un ne nuisait pas plus
que l'autre au repos du genre humain, auquel il importe infiniment qu'on laisse à la vertu sa
considération, et à la morale ses
abris.

Le bon goût aurait pu attendre
l'influence de la belle institution
de l'Académie Française, qui de-

vait faire disparaître les équivo-
ques, les obscurités du langage,
naturellement et sans inconvénient, de la manière que le soleil
dissipe les ombres.

Je crois même devoir attribuer
à elle seule l'épuration graduelle
du style et du goût. Je justifierais
peut-être suffisamment cette opinion défavorable au critique sous
cet autre rapport, si je voulais
m'écarter un moment de mon objet principal, pour faire remarquer que ses principes n'ont pu
l'empêcher lui-même de composer, peu de temps avant ses leçons, et de nous laisser l'*Etour-*

di et le *Dépit amoureux*, qui contiennent des fautes grossières contre la morale, contre la bienséance et contre la grammaire ; et plusieurs années après, un ouvrage des plus bizarres, une autre comédie en cinq actes, dans laquelle on a trouvé plus de choses contre le bon goût que les *Précieuses* et les *Savantes* n'en avaient jamais conçu ; je veux parler de son *Festin de Pierre*.

Outre les extravagances avouées de cette pièce, les observations de Bret, du père Roger et d'autres sur ses œuvres, forment un volume de passages vicieux, dont beaucoup sont bien aussi *gros de mauvais goût* que *le ciel est gros de lumière*. En trouverait-on dans les œuvres de toutes les *précieuses* du monde un de plus insoutenable que l'emploi qu'il fait du mot *traire* dans l'*Avare*, ou de celui de *bouillie* dans l'*Etourdi?* Ce sont des impuretés semblables qui peuvent être nuisibles à l'ordre essentiel, et qui doivent être satirisées. L'auteur, en respectant et nous laissant intactes ces comédies, a paru en approuver ou légitimer le style, ce qui, eu égard à sa célébrité et au bruit qu'ont fait ses ouvrages, que tout le monde a voulu lire, qui sont devenus élémentaires pour beaucoup de gens, sous ce rapport aussi, a répandu infiniment plus de mauvais goût dans toutes les classes que ses bonnes pièces ne pouvaient en réformer. Beaucoup de ses locutions blessent encore très-souvent nos oreilles aujourd'hui. Il s'ensuit qu'il n'a pas été plus heureux précepteur de grammaire que de morale.

Mais revenons à notre sujet: Une seule observation sur les assemblées qui ont succédé à celles-là, qui ont été *la réforme* de ces tribunaux de mœurs et de délicatesse, montre dans ce changement étonnant le funeste succès de ces différentes satires qui ont tout confondu, tout assimilé, innocents et coupables, punitions et délits ou fautes, travers et crimes, accusateurs, juges et exécuteurs, par lesquelles des personnes pures, seulement coupables de *néologisme*, ou de quelque travers, sont frappées de la même verge, subissent la même peine que des hommes pervers qui scandalisent la société par des vices honteux. On voit que ces assemblées postérieures se sont fait remarquer par la morale la plus relâchée, par le mépris de tous les principes qui font les bases des bonnes mœurs :

on voit qu'elles ont fini par tirer vanité de leurs excès; elles avaient pour centre et pour point de ralliement, dit un historien éloquent, un certain nombre de maisons opulentes, rendez-vous habituels de ce que la société avait de plus brillant dans les deux sexes; elles étaient autant d'écoles de bon ton, de politesse et d'urbanité; mais on y établissait de fausses bienséances *sur les ruines* des véritables devoirs. On y avait fabriqué, ajoute-t-il, une constitution sur les étranges maximes d'égoïsme et d'indépendance. C'était une faction d'étourdis, de libertins, de femmes perdues ou insensées, qui croyaient gouverner la société lorsqu'ils en sapaient les fondements et préparaient des renversements , *qui condamnaient les autres au ridicule quand ils ne méritaient eux-mêmes que le mépris.* Ils pardonnaient tous les crimes, pourvu qu'ils fussent revêtus de formes aimables ; le seul crime impardonnable était le ridicule, et le plus grand des ridicules était la vertu, etc. Quelle réforme !..

Ceux qui ne voudraient pas encore convenir que Molière a le plus contribué à rendre le ridicule si insupportable, et la vertu si ridicule ; et que ses satires, notamment celles dirigées contre les frivolités des hôtels de Longueville et de Rambouillet, ont amené la nécessité de la satire de Gresset contre les vices du *Salon vert*, doivent convenir du moins de la parfaite inutilité de ses plus fameuses leçons pour l'amélioration des hommes. Ils peuvent d'autant moins se refuser à cet aveu qu'il leur est impossible de dire qu'il y ait eu un passage de mieux entre les deux situations, et que l'auteur ait conduit la société, un instant, à plus de perfection, et de ce bonheur qui est attaché à l'ordre et à l'harmonie générale. On ne lui est redevable, et ils n'ont à lui tenir compte que du bonheur éphémère individuel qu'il a procuré, ou du bon sang qu'il a fait faire par des divertissements et des rires dont cet ordre et cette harmonie ont été le prix.

Je voudrais bien pouvoir aussi réduire son influence à cette heureuse inutilité; mais je suis invinciblement entraîné dans une opinion contraire : je vois avec conviction dans le fond ou l'ensemble de ses œuvres un cours complet de démoralisation ; je vois qu'après avoir suscité une guerre cruelle à la vertu par *le Tartufe*, et lui avoir enlevé ses postes les

plus importants par les *Précieuses ridicules*, et *les Femmes
savantes*, il lui a coupé toute
retraite par le *Misantrope*. Et en
vérité, je ne puis le concevoir autrement, la tête a dû tourner aux
bons humains qui n'auraient pas
voulu passer pour tartufes, ni pour
vauriens, ni pour misantropes;
non, je ne vois pas où ils pouvaient
se retrancher avec sûreté pendant
la plus grande action de ces pro-
ductions contradictoires, destru-
tives les unes des autres, qui en-
seignent ou nécessitent ce qu'elles
blâment, qui exposent sur la scène
pour les réprimer des désordres
qu'elles augmentent, ou qui n'exis-

taient point, et dont elles deviennent l'exemple et la cause.

Les femmes ont encore moins su auquel entendre ; sous la minorité de Louis XIV, on les critiquait sur la légèreté de leurs goûts ; elles ont été sensibles à ces reproches et se sont livrées à l'étude des sciences et des lettres ; elles fréquentaient les savants et voulaient avoir dans leur cercle leur mathématicien, ou leur littérateur ; Molière est arrivé, et s'est mis à crier de toutes ses forces , *aux précieuses, aux femmes savantes !* Tous les échos en ont retenti. Pour éviter ce ridicule, elles ont abandonné les livres, et se sont lancées dans les affaires; leurs boudoirs ressemblaient à des cabinets d'agence; elles voyaient des hommes d'état, des politiques; on les rencontrait souvent aux audiences des ministres; mais leurs démarches, qui étaient souvent heureuses et utiles, ont été qualifiées de menées, et leurs personnes traitées d'intrigantes et encore tournées en ridicule. Enfin, elles ont essayé de prendre un parti mixte, en retournant aux sciences, particulièrement à l'histoire naturelle, surtout à la botanique, sans négliger l'affaire du luxe, les frivolités de la coquetterie. Alors elles partageaient leurs loisirs entre les colifichets, les chiffons, les papillons, les simples ou les plantes et les fleurs; mais les grands juges du ridicule leur en ont encore trouvé là. Elles ont été poursuivies dans tous leurs retranchements par la manie coupable de persécuter les manies innocentes. On ne doit pas être étonné après cela d'avoir vu tant de monde secouer le joug, braver les censeurs, mépriser les censures, et faire à sa tête, comme le meûnier de La Fontaine.

Je suis persuadé que si cet écrivain justement célèbre pouvait revenir parmi nous et comparer son temps avec celui qui l'a suivi jusqu'à l'époque actuelle, il avouerait lui-même qu'il s'est trompé ; que non-seulement il n'a rien fait d'utile pour les mœurs, mais qu'ayant frappé leurs ennemis inconsidérément, il a tué les bons au lieu de corriger les méchants. Il verrait avec regret que ses *écoles des femmes* et *des maris*, et autres pièces, n'ont été que des écoles de mauvaises mœurs ; qu'en voulant corriger les vices de quelques parents dénaturés, exceptés de la règle générale, il avait compromis partout l'autorité paternelle ; qu'en voulant corriger les travers d'un petit nombre de maris, il avait jeté du ridicule ou de la défaveur sur tous les chefs de famille, sur les devoirs du mariage, sur les idées religieuses qui les sanctifient; qu'il avait donné de bonnes leçons de ruses et d'artifices aux épouses qu'il trouverait peut-être en avoir assez bien profité. Il ferait lui-même sentir leur inconséquence à beaucoup de ses admirateurs, aussi intolérants qu'aveugles, qui vantent sans restriction et regrettent le fouet de sa critique, lorsqu'ils ne voient aucun des bons effets par où il doit être principalement apprécié; lorsqu'ils n'aperçoivent au contraire partout où il a frappé que désordres, que masques jetés, freins rompus, jougs sécoués ; lorsqu'ils approuvent tous les jours les censures les plus fortes, les tableaux les plus hideux, inouïs des temps qui ont suivi ce grand moyen de correction et *de perfectionnement* ; enfin, lorsqu'ils applaudissent, avec transport, et sur la scène même où ils font éclater les témoignages constants de leur reconnaissance envers le remède, cette publication de l'effrayante augmentation du mal : *Et les vices d'autrefois sont les mœurs d'aujourd'hui!...*

On pourrait alors, sans craindre d'exciter le courroux de personne et de s'attirer d'amers reproches, ou des réfutations passionnées et aveuglément injurieuses , dire des ouvrages ou des tableaux pleins *de vérités qui n'étaient pas bonnes à jouer* de ce peintre incomparable, que c'est en effet leur malice , leur esprit ou leur gaîté, qui fait plaisir et qu'on applaudit, que c'est leur bon effet de faire rire qui empêche aujourd'hui d'en voir les mauvais, comme il a empêché autrefois de les prévoir.

Son grand succès à faire rire de tout, même des hommes vertueux,

(contre son intention, j'en suis persuadé, et je le répète) a causé des désordres d'autant plus rapides qu'en même temps qu'il rendait la vertu ridicule, il faisait naître généralement la passion de ridiculiser ; car c'est surtout à son exemple et à l'influence de ses comédies spirituelles et malignes que les Français et autres doivent leur manie de critiquer et de faire des satires , leur goût dominant pour le ridicule , la moquerie et les sarcasmes , où les pointes, qui *percent* partout, ne ménagent rien. Elles sont devenues le sel, l'éloquence des écrits, des discussions et des conversations même sérieuses qui commencent ou finissent presque toujours par-là. Si vous observez plusieurs personnes conversant ensemble, dans une situation ordinaire, vous les voyez rire par habitude, sans savoir pourquoi ; vous les entendez critiquer les choses, goguenarder les gens. Cette manie est telle qu'on peut, qui plus est, remarquer souvent sur la physionomie d'un homme oisif et sans compagnie, qu'il a appréhendé mentalement quelque sujet ridicule qu'il joue, dont il s'amuse tout seul.

Au reste, l'étonnante vogue ou crédit, depuis plus d'un siècle, de ces comédies, ne doit pas les justifier devant la morale plus puissamment que ne les accuse notre dégénération aussi étonnante depuis le même temps. Cette sorte d'analyse, aussi impartiale qu'austère de ces leçons de théâtres les plus vantées, donne également la mesure des poisons coopérants, répandus dans beaucoup de comédies d'un ordre inférieur, surtout dans celles de Regnard. Ce concours avait opéré le renversement de l'ancienne constitution morale, que les philosophes à qui on l'impute jouaient encore à *Colin-Maillard*.

Les écrivains bien intentionnés

de notre temps, en réfléchissant sur le passé, s'abstiendraient sûrement dans bien des cas de ce mode dangereux d'instruction, s'il n'était consacré par l'usage, par l'exemple imposant des anciens, par des préjugés bien enracinés, surtout, s'il n'était soutenu aujourd'hui par les passions mêmes qu'il a fait naître, ou étendues et fortifiées, lesquelles repoussent toute réflexion, et même tout soupçon qu'il soit mauvais, qui entraînent tout le monde depuis si long-temps, comme elles ont entraîné l'auteur de la satire de *Dervière*, tartufe de bienfaisance, dans la comédie des *Deux Gendres*, satire qui

place les hommes véritablement
bienfaisants dans la situation malheureuse où le tartufe de religion
a placé les vrais dévots. Et si je
croyais que ce rejeton dût être
aussi fécond que sa tige, je n'en
excepterais même pas ceux qui ont
le moyen de prouver leur bon
cœur par de grands sacrifices; car
l'égoïsme, ou la malignité, saurait
trouver aussi quelque principe vicieux à leurs bonnes actions; et
les aumônes faites aux pauvres
ne prouveraient pas mieux la pure
bienfaisance que les offrandes faites à l'église ne prouvent la vraie
religion depuis le jeu qu'on a fait
du culte extérieur Il deviendrait

même également prudent de s'abstenir des unes comme on s'est abstenu des autres, pour ne pas être remarqué des rieurs *ameutés*, et conserver son repos.

Je ne me suis jamais senti plus attristé qu'à cette dérision de la bienfaisance, dont l'acteur qui la singeait semblait se moquer lui-même pour la plus grande satisfaction des avares et des égoïstes impitoyables qui maudissent également les vrais et les faux bienfaisants, ces solliciteurs importuns de pitié et de secours, et qui applaudissaient unanimement, il n'y a pas de doute.

C'est aussi le tableau affligeant que je me suis fait des résultats de cette nouvelle prostitution, et la conviction où je fus qu'elle serait encore très - nuisible, qui m'ont porté à composer cet écrit, à reprendre la défense des indigents et des mœurs, que les progrès d'une cataracte dont j'ai le malheur d'être affecté m'avaient fait abandonner. On sentira facilement comment j'aurais été obligé de remonter aussi haut et de généraliser la question, quand même je n'eusse eu en vue que cette démonstration particulière; il était nécessaire dans les deux cas de combattre, malgré le respect qui lui est dû, la principale autorité sur laquelle les critiques modernes s'appuient dans cette cause, et qui devait m'être opposée par les actionnaires et tous les autres partisans d'un préjugé le plus solidement affermi, naturalisé; et que, par conséquent les petits coups de *hache* que je lui porte aujourd'hui ne sauraient renverser de sitôt. Il est probable que l'outil sera brisé auparavant, ou jeté bien loin de main en main comme un instrument de dommage lui-même. Je n'entreprendrai pas de le défendre contre une ligue formidable de passions, combinées encore avec celles d'un parti nou-

veau, qui vont combattre véritablement *pro aris et focis* ; j'en
référerai à un temps , hélas ! encore bien éloigné peut-être, et
que nous ne pouvons pas espérer de voir, où la cause pourra
être plaidée et jugée au tribunal
d'un public désintéressé et impartial, que le comble du mal aura
forcé enfin à rétrograder de ce
côté là, en regardant et jugeant
alors les causes et les effets de la
révolution morale aussi saine-
ment que nous-mêmes, lorsque
nous fûmes accablés de malheurs
et forcés aussi d'un autre côté à
retourner sur nos pas, avons regardé et jugé les causes et les

effets de la révolution politique d'où nous sortons.

Cependant, à Dieu ne plaise que la manifestation de cette erreur si bien accréditée, et généralement autorisée, renouvelle les chagrins de l'auteur spirituel qui a publié cette dernière satire et à qui l'on a fait payer trop cher l'omission de déclarer qu'il avait emprunté d'un moine, comme il est arrivé autrefois et comme il arrive encore tous les jours aux auteurs de faire des emprunts à d'autres. Il est arrivé à Catulle d'emprunter d'Hésiode ; et à Virgile d'emprunter de Catulle et d'Homère, comme il est arrivé à Molière, à Corneille, à Racine, à Voltaire, d'emprunter de Plaute, de Térence, d'Euripide et de Sophocle, etc.

Je suis persuadé que son ouvrage, que je n'ai pas non plus l'intention d'ôter du rang auquel l'opinion la placé, sous le rapport littéraire, n'aurait pas été mis au théâtre, du moins sans un retranchement volontaire considérable, si quelqu'ami respectable, moins prévenu, ayant mieux profité des leçons du passé, l'eût éclairé en lui montrant dans plusieurs exemples les funestes conséquences qu'il

aurait infailliblement, et en lui di-
sant pour consoler son zèle : vous
avez la très-louable intention d'é-
clairer vos concitoyens et principalement de prévenir les hommes
puissants, les princes, les ministres, contre des intrigants hypocrites qui prennent le vernis de
belles qualités qu'ils n'ont point,
pour en imposer et obtenir des
places dont ils ne sont pas dignes;
hé bien, il n'est pas nécessaire
pour cela de faire tant de bruit,
d'avoir recours aux prestiges de
la déclamation, à la séduction de
la poésie ou des beaux vers qui
font croire le pour et le contre,
aidés du fracas et de la magie du

théâtre , de son appareil fantasmagorique , qui exercent trop d'empire sur les sens et sur l'imagination des hommes, surtout en rassemblement, qui les exaltent, et les font extravaguer ou *passer le but* qu'on se propose. Cette manière d'agir , aussi peu sensée que celle de frapper rudement et bouleverser un homme endormi pour l'éveiller , tandis qu'il suffit de l'agiter doucement, quoique bien établie et admirée aujourd'hui , doit faire regarder enfin les auteurs qui l'emploieront avec aussi peu de raison comme des *forts à bras littéraires,* ou des don Quichote , mus par l'orgueil et

l'amour propre, dont le principal objet est de faire montre de
l'étendue de leur esprit, de la
force de leur génie, en produisant
de grands effets, bons ou mauvais, n'importe, pourvu qu'ils
soient extraordinaires et éton-
nants, et qu'ils fassent beaucoup
et long-temps parler d'eux. Mais
vous, qui seriez fâché d'être re-
nommé par le mal que vous auriez
fait, à la manière des conquérants
insensés et féroces, de ces grands
ravageurs de campagnes et abat-
teurs de murailles, qui préférez
un éternel oubli à une immorta-
lité funeste; reconnaissant la sagesse de cette maxime: *Nisi utile*

est quod facimus, stulta est gloria, vous devez prendre dans le cas présent, pour éviter les mauvais résultats prévus, une autre voie qui vous conduira plus naturellement à votre but; celle qu'ont suivie dans tous les temps les plus profonds moralistes qui ont éclairé leurs contemporains, celle unique que notre sage Fénélon a suivie aussi et qu'il suivrait probablement encore aujourd'hui s'il vivait.

Imitez-le, adoptez ici sa méthode si persuasive d'instruction purement morale. Au lieu de scènes qu'il faut mêler de tant de scandales, dans lesquelles Molière, votre guide, a cru devoir donner *des tours gracieux aux vices*, *avec une austérité ridicule à la vertu* (ce reproche lui est fait par ce respectable prélat lui-même); divisez votre travail en chapitres, faits avec sagesse et sans artifice, comme les siens ; répandez aussi doucement que lui des lumières aussi pures, et vous serez cité de la manière qu'il l'est tous les jours, avec une reconnaissance et un respect que nul partisan de la marche opposée n'inspire au même degré.

Que si même, aurait pu ajouter le prudent ami, les circonstances, votre talent et votre goût, vous portent à mêler à vos instructions une certaine dose de raillerie, de finesse, de pointes ou d'ironie, de la gaîté, du comique, même de la poésie, en un mot un peu de comédie, faites-le à la manière d'Horace, de Pascal et de Michel Cervanté. Vous savez combien leurs succès ont été satisfaisants. Ces écrivains célèbres ont prouvé que les leçons particulières, que l'instruction *à domicile* est souvent préférable à celle qu'on va chercher à la tumultueuse école du théâtre ; puisqu'elle en a l'efficacité sans en avoir les inconvénients. Les faux bienfaisants n'en seront pas désormais plus à craindre ; ils seront observés avec calme et plus sagement jugés. Laissez-les donc en toute sûreté donner de bons exemples, faire du bien, ou engager les apathiques, les indifférents à en faire ; laissez-les courir, s'agiter, faire du bruit, attendrir les autres en feignant de s'attendrir eux-mêmes ; cette fermentation est nécessaire à l'éveil, au maintien de la vraie bienfaisance ; ces hommes hypocrites et corrompus sont pour les âmes bienfaisantes ce que les plantes parasites et pourries sont pour les plantes utiles dont elles font l'engrais, sur lesquelles elles agissent, qu'elles échauffent et font croître. D'un autre côté, non-seulement ils sont très-propres à tourmenter et pressurer l'égoïsme qu'ils mettent à contribution malgré lui ; mais on les voit s'attaquer mutuellement, se prendre au mot et s'exécuter les uns les autres. C'est par eux que le bien se fait plus généralement et plus régulièrement ; vu qu'ils l'obtiennent de toutes les dispositions et le provoquent sans relâche. Tournez-les aussi en ridicule, corrigez-les à votre manière, vous verrez bientôt le nombre des égoïstes grossir et la bienfaisance s'endormir ; elle n'y est déjà que trop disposée.

Encore une fois, laissez-les pratiquer une si belle vertu qui les

séduira enfin, ou bien à laquelle
ils s'attacheront, du moins par la
nécessité d'affermir la considération qu'ils lui doivent; laissez-les
crier au secours sur le sort des
malheureux auxquels dans le fond
ils s'intéressent peu, comme vous
laissez crier au feu sur l'incendie
d'une maison, par des individus
à qui la conservation de cette pro-
priété est fort indifférente, et qui
ne font rien autre chose pour elle.
Comme ceux-ci, par les cris qu'ils
jettent à la vue de l'édifice en flam-
mes, quelles que soient leurs dispositions intérieures, donnent l'éveil
aux gens plus intéressés à le sauver, de même ceux qui appellent

2   9

du secours à la vue de la misère qui accable l'indigent, quel que soit le fond de leur cœur, fixent l'attention, excitent la sensibilité des âmes plus disposées à le secourir.

Et dans quel temps, aurait-il pu ajouter encore, voulez-vous publier une telle satire qui doit les comprimer, les âmes sensibles, déjà en trop petit nombre, et rendre ridicule peut-être jusqu'au mot sacré de *Bienfaisance* ! en temps de guerre, pendant le cours de la plus terrible calamité, à l'époque où les gouvernements donnent déjà, avec trop peu de succès à ceux qui peuvent les seconder, le signal et l'exemple des divers moyens à prendre pour concourir avec eux à adoucir les rigueurs de ce temps de souffrance, où les arts, les métiers et le commerce, languissent, où les malheureux fourmillent dans toutes les professions et sur tous les points de l'Europe! Fut-il jamais une époque à laquelle il y eut plus de familles indigentes, plus de pauvres honteux, qui ont besoin d'un protecteur généreux, d'un ami obligeant, et, à défaut de ceux-là que vous dites vous-même être bien rares, d'un interprète quelconque, d'un voisin hypocrite, d'un tartufe de bienfaisance en un mot, qui fasse connaître leur situation, qui soit du moins l'*affiche* de leur misère, l'*écho* de leurs gémissements vis-à-vis des personnes vraiment sensibles et prêtes à leur tendre une main secourable? Combien de malheureux, qui ont été soulagés, auraient pâti plus long-temps, seraient morts sur la paille ou dans un affreux désespoir, si de bons valets de bienfaisance, témoins de leur détresse, n'eussent sonné l'alarme et fait des démarches, provoqué des collectes d'argent ou autres secours? Et, dans d'autres circonstances, combien de faux bienfaisants, ou d'hommes poussés uniquement par des vues secrètes d'intérêts particuliers, ont servi l'humanité autant que leurs concurrents généreux, de différentes manières; soit par de grandes entreprises, ou la communication de projets utiles; soit par des voyages ou des travaux pénibles, par leurs veilles et des études opiniâtres, par leurs découvertes, par leurs écrits ou discours; soit aussi en veillant sur leurs concitoyens, en écartant les dangers qui les manaçaient, soit en défendant l'honneur et la fortune des opprimés; soit en visitant et soignant leurs semblables, même dans les maladies les plus contagieuses! combien d'actes de dévouement, combien de belles actions et de choses utiles, se font tous les jours par le même mobile, et qui n'en ont pas moins les résultats les plus heureux, dont les auteurs par conséquent n'en doivent pas être moins encouragés! C'est ce que pratiquent habituellement les gouvernements, dont les sages ministres savent que les hommes sont faits ainsi; que c'est l'intérêt personnel qui les régit plus ou moins impérieusement et les fait agir sous le masque de quelque vertu que peu possèdent en perfection, que beaucoup n'ont qu'à demi, dont le plus grand nombre n'a encore que l'apparence; que pour les obliger à l'acquérir ou à la cultiver, il est plus expédient de la leur supposer, en y attachant un grand prix, que de faire des tours de force et beaucoup de bruit pour montrer à tout le monde qu'ils ne l'ont point. C'est pourquoi on ne les voit jamais porter l'inquisition dans le cœur de celui dont ils ont à récompenser une belle action : ils le considèrent tant qu'il est possible de l'en croire digne, comme ils le méprisent ou le punissent avec sévérité, selon les circonstances, lorsque le masque de son hypocrisie vient à lui être arraché *d'une main sûre.*

Voilà d'autres raisons de convenir que vouloir perfectionner les hommes par des moyens indirects, ou vagues et violents, est une folie, ou une erreur dangereuse, d'après laquelle on les a tant et si imprudemment tourmentés qu'on les a excédés et conduits à jeter le masque de leurs infirmités dont ils ont fait parade depuis.

RÉSUMÉ

ET MOYENS DE RÉFORMATION.

A toutes les raisons données à l'appui de mon opinion, je puis en ajouter encore une plus décisive; celle que toutes les vertus qui ont été mises notamment sous la sauvegarde et protection de l'art dramatique, ont été les plus persécutées, et ont le plus perdu; je n'en vois pas une clairement qui y ait gagné, et je vois très-bien, au contraire, que les plus ingénieusement défendues, que les mieux prêchées ou vengées sur la scène, sont les plus généralement abandonnées dans le monde; je vois qu'on n'a fait qu'aiguiser les traits de toutes les passions contre elles, ou contre ceux qui les pratiquaient. On a voulu défendre et venger la religion en mettant en spectacle un tartufe de religion; vous savez comme nous sommes devenus religieux ! On a joué le tartufe de générosité; combien nous - sommes devenus désinté- ressés et généreux ! qu'il y a peu d'égoïstes à présent! On a joué des tartufes de sincérité et d'amitié; combien nous sommes devenus sincères et bons amis ! combien moins il y en a de faux depuis ce temps-là ! en un mot, on a joué le *Tartufe de mœurs* ; regardez comme nous sommes devenus plus sages, comme nos mœurs se sont améliorées ! Comparez les temps et jugez ; vous verrez que plusieurs genres de tartufes ont disparu, à la vérité ; mais parce que les vertus qu'il affectaient ont disparu elles-mêmes, ou perdu leur considération après avoir été prostituées dans des portraits scéniques, où tous les excès monstrueux de l'hypocrisie ont frappé si fortement les esprits, ont fait tant de honte, excité tant d'horreur que pour éviter le reproche et même le soupçon d'hypocrisie, on s'en est éloigné jusqu'aux excès contraires, c'est-à-dire jusqu'à préférer l'évidence des désordres, la nudité des vices, ainsi que je l'ai déduit dans la première partie de cet ouvrage. Aujourd'hui, dit un écrivain célèbre, en parlant du relâchement des mœurs et *de l'esprit de société* qu'a produit le théâtre, il y a peu de maris jaloux, mais il y a peu de maris ; les pères tyranniques sont rares, mais les pères indifférents ne le sont point. Que d'autres exemples de même nature on peut ajouter à ceux-là ! C'est aussi cet esprit de société, répandu *en torrent*, ou sans mesure ni ménagement, qui, de l'aveu ingénu du plus éloquent panégyriste de Molière, *a produit l'abus de la société et de la philosophie, qui est cause que la jeunesse a perdu toute morale à quinze ans, et toute sensibilité à vingt ;* qui. fait aussi qu'après avoir perdu l'honneur, on peut aujourd'hui le recouvrer, rentrer dans cette île, du temps de Molière *escarpée et sans bords,* c'est-à-dire, jouir de la considération, de tous les avantages et priviléges de la vertu. Comparez les temps et jugez, dis-je, vous verrez de plus que, malgré les cent cinquante mille pièces de théâtre environ qui nous ont passé sur le corps, ou plutôt sur l'âme, depuis la restauration des lettres, pour nous perfectionner, nous nous sommes toujours détériorés de plus en plus ; vous verrez que les rares petits coins de la terre civilisée qu'on pourrait encore proposer pour exemples d'innocence et de vertus, sont précisément ceux où il n'a jamais paru ni théâtre, ni comédie, ni beaucoup des gens qu'ils *perfectionnent* dans les villes ; et vous en inférerez que pour mettre le comble à la dépravation, surtout aujourd'hui que les hommes corrompus sont presque partout en grande majorité, et que jouer les vices au théâtre, c'est à peu près comme si on jouait l'anglomanie en Angleterre, il ne manquerait plus que de livrer de même à la justice précipitée du public malin, qui a besoin de rire, qui ne se rassemble que pour cela, à ce tribunal confus, incohérent et enthousiaste, composé de toutes sortes de gens, qui tient ses assises dans toutes sortes de lieux, qui passe en sections du théâtre dans les salons et dans les réduits, sur les places publiques et aux coins des rues, où il délibère d'après ses passions discordantes, propres ou empruntées, qui dénature ou change les actes d'accusation, qui juge cent fois *in idem*, dont la jurisprudence est incertaine et si versatile qu'il désavoue habituellement sés jugements, lesquels, en effet, sont cassés en grande partie, et souvent, après des années de la plus cruelle exécution, quelquefois dans un autre siècle, par le public mieux éclairé, sage et impartial, dont les arrêts méritent seulement alors toute confiance et respect; il ne manquerait plus, dis-je, que de traduire à ce tribunal les hypocrites des autres vertus dont il reste plus de lambeaux, en ajoutant aux tartufes de religion, de mœurs, de bienfaisance, etc., les tartufes de justice, d'indulgence ou de pitié, de patience ou de modération, de modestie, de grandeur d'âme, d'amour filial ; et vous n'aurez aucun doute non plus qu'une satire en comédie dirigée contre une hypocrite de *tendresse maternelle*, comme il y en a effectivement, sur qui, par le jeu d'un Brunet ou d'un Potier, qui représenterait la marâtre, on livrerait à la risée publique le ton, les soins empressés, les caresses, les émotions ou les tendres élans du cœur d'une mère, ne portât une atteinte funeste à la plus précieuse des vertus, et ne détruisît en peu de temps l'ouvrage du génie supérieur qui a défendu si éloquemment la cause de l'enfance et mis à la mode, en les faisant chérir, les premiers devoirs de la maternité. Non, l'idée seule d'un de ces bouffons, déguisé en maman, portant précieusement, serrant dans ses bras et allaitant son nourrisson, de manière à exciter des éclats de rire, ne doit laisser aucun doute que la représentation de cette hypocrisie aurait les mêmes suites que celle du tartufe de religion. Concluez donc avec moi qu'il faut que l'envie ou le besoin de rire ait bien du pouvoir sur les hommes pour les porter si obstinément, malgré l'épreuve du contraire qui les accable, à regarder comme propre à corriger les mœurs le moyen le plus puissant de tourner toutes les vertus en ridicule, de tout corrompre !

Nous ne devons pas craindre ces suites d'une pareille erreur de la part des écrivains qui sont aujourd'hui l'honneur de la scène française : les Picard, les Andrieux, les Duval et leurs dignes collègues, ne produisent que des ouvrages utiles et purs comme leurs âmes honnêtes ; mais il n'existe pas la même garantie contre les avortons indigents de la littérature, qui se jètent sans distinction sur les sujets qu'ils rencontrent : ils pourraient bien s'emparer de celui-ci, et y voir un autre bon modèle de Tartufe. Comme il serait possible, si on ne les arrêtait dans l'ardeur du zèle qui les emporte, qu'ils trouvassent aussi matière à faire un Tartufe *de bravoure* ou de vaillance, et qu'ils fissent de grands efforts pour nous prouver, en nous donnant cela aussi comme bien peu naturel, peut-être comme abominable, qu'un bon nombre des guerriers auxquels ils doivent le repos dont ils jouissent dans leurs méditations, ne courent pas si intrépidement aux combats, n'exposent pas leur vie par le plus pur amour de la patrie; mais que, semblables à *Derviére*, qui est bienfaisant pour avoir une place, ils sont courageux et vaillants, ils s'exposent par le désir et l'espoir d'obtenir des récompenses. On voit assez où la peinture de ce caractère nous mènerait aussi ; on voit de quelle autre fermentation des esprits et des passions le ridicule qu'on en tirerait serait la cause, et quelles en seraient les fâcheuses conséquences, surtout en temps de guerre! et l'on doit sentir parfaitement enfin que, dans tous les intérêts, il est temps de mettre quelque frein à toutes ces mascarades *des vices dégui-*

sés en vertus, courant les théâtres pour se faire voir et bafouer par le peuple convoqué *ad se invicem castigandum ridendo*; et ce peuple érigé en tribunal de mœurs, je développe l'observation que j'en ai faite, est rassemblé confusément et en toutes dispositions, c'est-à-dire comprenant avec leurs passions, leurs goûts, leurs vices, leurs préjugés différents, leurs opinions, leurs systèmes et préventions diverses, tous les rangs, tous les états, tous les âges, les deux sexes, les amis, les ennemis, les parents, les enfants, les régnicoles, les étrangers, les clercs et les laïcs, les disciples de toutes les religions, pour les mettre alternativement aux prises ensemble, ou pour livrer ceux-ci à la risée de ceux-là, et *vice versâ*, afin de les corriger tous, les uns par les autres au moyen d'impressions ou mouvements intérieurs si divers, si brouillés, et du conflit bizarre de tant d'éléments contraires; c'est presque à dire, afin de les entre-choquer de telle manière que le monde moral sorte tout façonné de ce nouveau chaos, ainsi que Descartes fait sortir le monde physique de ses tourbillons. D'où il arrive que *la risée* des grands corrige les petits, et que *la risée* des petits corrige les grands ; c'est-à-dire que les sei- gneurs, les milords, les barons et baronnets, les ducs, les comtes, corrigent leurs tailleurs, leurs bottiers, leurs perruquiers, leurs valets, et en reçoivent la correc- tion, *avec mesure et une égale impartialité*; et que les duchesses, les marquises, les comtesses, cor- rigent *en riant* leurs femmes, leurs marchandes de modes et leurs blanchisseuses, qui les cor- rigent à leur tour en riant et se moquant d'elles *aussi judicieu- sement*; d'où il arrive que les sots corrigent les gens d'esprit; que des Anglois corrigent *sans passion* des Français, et réciproquement ; que l'impie, que l'athée corrigent les croyants, que des Turcs corrigent des chrétiens, et, comme je l'ai déja exprimé, que des jeunes gens corrigent des vieillards, en se moquant d'eux, que des supérieurs, soit magistrats, juges, soit instituteurs, pères et mères de famille, sont corrigés par la moquerie de subordonnés, ou d'écoliers et d'enfants qui sont encore sous leur pouvoir, et qui saisissent avidement ces occasions de se venger impunément de ceux qui les régentent et les répriment ou contrarient habituellement. Et, je le rappelle, ce qui rend extrême l'inconvénient de cette manière de

corriger les mœurs, c'est la mauvaise foi sans frein, c'est l'action
inévitable de la troisième école, de
cette faction de tous les vices, qui
encore, dans son déchaînement,
s'arroge la plus forte part de jurisdiction à ce tribunal et en tire plus
de force, d'autorité et d'audace,
pour lancer les traits du ridicule
contre ses adversaires. Prétendre
que son concours soit utile ou indifférent dans cette circonstance,
c'est prétendre qu'il est salutaire
ou indifférent pour les maladies
du corps de livrer les malades à
toute la malignité du plus actif
poison.

Sous quelque rapport qu'on

l'envisage, il demeure prouvé qu'il n'y aurait pas de prodige plus étonnant que les heureux résultats de cette méthode de correction. Voici même encore un autre aspect sous lequel cette vérité se confirme : cet usage d'un rassemblement, qui cache dans sa confusion un tel renversement d'ordre, a été funeste à l'harmonie sociale, au système nécessaire de la hiérarchie des rangs et des états plus généralement que je ne l'ai dit plus haut, en ce qu'il a dérangé ou rompu dans toutes les classes les rapports de supérieurs à inférieurs. Les derniers, accoutumés à rire des premiers, à les humilier, à les avilir même dans ces assemblées plus que républicaines, où des personnes de tous les rangs, où les plus grands personnages comparaissent à leur tribunal, et sont soumis à leur jugement et à leur discipline, se sont enorgueillis ou trop aguerris nécessairement en particulier, vis-à-vis des supérieurs devenus, aussi nécessairement, moins imposants. De là les impatiences, les manques de respect, d'estime et de bons procédés, l'oubli des bienséances et des devoirs; de là l'insubordination ou le mépris de toute autorité religieuse, politique, civile et domestique; de là peut-être

naquit aussi cette prétention in-
sensée d'une égalité impossible,
je veux dire absolue, qui a récemment agité tant de simples.

Néanmoins , malgré l'ancien-
neté de leur origine et de leur
existence, tous ces malheurs sont
portés très - exactement sur le
compte des philosophes. Si le res-
sentiment et le délire de ceux que
la philosophie a depouillés d'injustes priviléges , et d'une supé-
riorité contre nature, qu'ils ne peuvent plus réclamer désormais raisonnablement , leur permettaient
d'être justes , ils remonteraient à
cette source féconde de dissolu-

tion, à cette véritable cause du mépris des autorités respectables, et de la révolte des inférieurs contre leurs supérieurs naturels et légitimes, ici directement et positivement avilis. Et même, les plus ardents de ces privilégiés le voyaient ainsi *long-temps avant* que la révolution n'eût blessé leurs intérêts particuliers, par une influence philosophique qu'ils rendent comptable, pour cette raison, de tous les dommages et de tous les désordres passés et à venir.

Entre les différents moyens depuis long-temps indiqués, pour la réformation du théâtre, je crois devoir recommander d'abord celui de cesser de condamner en principe, ou en théorie, ce que nous approuvons dans la pratique; je veux dire, de commencer par être plus conséquents et plus justes envers les hommes qui se vouent au théâtre, soit comme auteurs (1),

---

(1) J'engage les lecteurs qui ne sentiraient pas assez la faiblesse des raisons par lesquelles on veut prouver que les auteurs ne font pas cause commune ici avec les acteurs, à se rappeler les discussions et les dernières lois sur la liberté de la presse. Ils verront que les auteurs de tout genre, lorsqu'ils sont connus, sont seuls responsables, coupables, punissables, et au moins aussi infâmes que leurs agents, quand infâmie il y a. On sait que les savants solitaires, ou *Mi-*

soit comme acteurs, et reconnaître *le droit* qu'ils ont, lorsque d'ailleurs ils sont bons citoyens, à l'estime et à la considération dont ils jouissent *de fait*, par un accord à peu-près général ; et ôter enfin à un petit nombre de gens de bonne foi, et à tous les gens de mauvaise humeur, le droit de traiter *d'infâmes* la profession ou les personnes de Molière, de Corneille, Racine, Voltaire, et de Lekain, de Molé, Larive, Talma, des

santropes, de Port-Royal, et notamment le fameux Nicole, traitent les auteurs de comédies, comme les comédiens, d'empoisonneurs publics.

idolâtrées Comtat, Raucourt, Mars, etc., lesquels ont emporté les regrets, ou font encore aujourd'hui les délices et l'admiration des Français et des étrangers, qui leur rendent les plus grands honneurs, qui leur élèvent des statues.

Vu cet irrésistible progrès des choses, et cette disposition générale des esprits, disposition telle qu'on ne voit presque plus que des envieux ou du métier *infâme*, ou des talents et de la vue des *infâmes* qui l'exercent, le fait de les laisser sous l'anathême, qui contribue déjà au relâchement de cette partie de la société, est très-préjudiciable dans tous les cas à la foi et au respect dûs aux décrets de l'Eglise, et nuit par là généralement aux mœurs.

Il est si raisonnable, si juste et si facile (moyennant la réformation votée), d'établir une distinction satisfaisante entre les comédies et comédiens actuels, et les ordures ou farces et farceurs qui ont motivé dans le principe les monitions et les peines spirituelles, qu'il est à espérer que les sages législateurs des deux ordres s'en occuperont, et trouveront convenable à notre temps et conforme à la justice de faire revivre une ancienne déclaration d'un roi de France, de Louis XIII.

: *Ce prince veut, dans cet acte conciliant publié en 1641, que l'état de comédien ne soit pas regardé comme infâme, et que son exercice ne puisse leur être imputé à blâme, ni préjudicier à leur réputation dans le commerce public, pourvu qu'ils se contiennent dans les termes de leurs devoirs, et qu'ils ne jouent que des pièces de théâtre qui soient exemptes d'impuretés et de paroles lascives et à double entente*, etc.

Ces devoirs seraient imposés aux maîtres de la scène, et aux auteurs des poèmes, sous des peines inévitables. Dans l'intervalle qui nous sépare de l'époque de cette déclaration, qui serait très-certainement mieux accueillie aujourd'hui qu'alors, de bons publicistes, académiciens, et même religieux, ont soutenu avec raison, contre l'avis de quelques autres, que les lois sévères indispensables à cet effet pouvaient être exécutées au théâtre comme à la ville. Eh ! pourquoi des lois importantes, si évidemment justes, ne pourraient-elles pas recevoir leur exécution, lorsque tant de

lois iniques, beaucoup plus sévères, ont été si bien exécutées pendant les longues années de la révolution ? Il ne faudrait qu'y tenir la main *sans relâche*.

Après cet acte de justice que je
regarde comme devant être le premier moyen de la réformation, un
second et excellent moyen, qui a
déjà été provoqué, serait l'épuration des répertoires des théâtres.
Empêcher qu'il n'y entre désormais des pièces dangereuses, n'est
qu'une demi-mesure ; il est de la
même importance de faire un
choix judicieux de celles qui y
sont admises et qui peuvent être

représentées sans danger, et de rejeter les autres.

Que si on en veut sauver plusieurs des plus accréditées, il est nécessaire, quoique dur, de leur faire subir des changements à la scène, à moins qu'on n'aime mieux (ceci va paraître nouveau et ridicule sans doute.) suppléer à ces altérations pénibles, en faisant tomber le choix sur les spectateurs, oui, *sur les spectateurs*: en n'admettant à la représentation de ces comédies que la classe d'individus à la correction desquels elles sont destinées, lorsque les exemples et leçons qu'on y donne peuvent nuire à ceux qu'elles ne concernent pas actuellement plus qu'ils ne doivent en profiter pour l'avenir.

Ainsi les hommes et les femmes mariés, ou d'un certain âge, dont les mœurs sont plus en sûreté, seraient seuls admis aux représentations des satires dirigées contre les mauvais parents, contre les pères et mères indifférents, avares, durs, dénaturés; il m'a toujours paru cruellement inconséquent de souffrir là des enfants; c'est bien assez de ceux qui y sont comme acteurs ; cela doit se passer à huis clos pour les autres.

Ainsi les jeunes femmes ne seront
pas admises aux écoles théâtrales
des mauvais maris, des maris jaloux, ou vieux, crédules, bour-
rus, auxquels leurs épouses jouent
mille tours perfides ; ainsi les jeunes gens seront aussi exclus du
spectacle les jours que des hommes auxquels ils doivent particulièrement le respect, par exemple,
outre les pères et mères, leurs supérieurs, maîtres ou instituteurs,
et les vieillards, devront y recevoir
les leçons humiliantes et flétris-
santes du ridicule, etc. Le bon
sens ne demande rien plus impérieusement que d'accommoder
ainsi les scènes aux spectateurs,

ou les spectateurs aux scènes. (1)

Le ridicule dont la teinte est si vaguement communicative, et qui a de plus l'inconvénient grave de ne pouvoir s'effacer ni par le repentir ni par la réforme, ni même par la perfection des personnes ou des classes qu'il a une fois frappées, on sait bien qu'en ef-

---

(1) Le moyen nécessaire pour l'exécution de ce dernier parti, est tout établi dans la précaution que l'on est déjà obligé de prendre, afin de pouvoir satisfaire aux demandes autorisées, faites par des organes de la police, soit à la sortie des spectacles, ou dans les rues pendant la nuit. Cette mesure aurait encore un autre bon résultat.....

fet celles que Molière a ridiculisées ont été flétries, les unes
pendant toute leur vie, les autres
pendant plusieurs générations; à
peine ces dernières sont-elles
relevées aujourd'hui de l'anathème, et on assure que plusieurs
personnes, seulement coupables
de quelques travers, en sont mor-
tes! le ridicule, dis-je, appelle
aussi l'attention du réformateur;
il doit être sagement circonscrit,
et même souvent repoussé du
théâtre comme punition injuste,
sans proportion, et comme gratui-
tement cruel lorsque ses traits
seront dirigés contre des défauts
légers, qui n'excluent point la
vertu et la sensibilité.

L'importance de mieux régler l'emploi de ce fléau sur la scène, est d'autant plus grande, que non-seulement les méchants, mais aussi des auteurs très-estimables en ont fait l'usage le plus préjudiciable; car, je le demande encore une fois aux plus grands partisans même de son utilité et de son indépendance accoutumée, l'auteur du *Tartufe*, qui, en considération du mal réel qu'il avait intention d'arrêter, du vice odieux qu'il voulait combattre, peut être justifié ou excusé d'avoir saisi l'arme du ridicule, tandis qu'un si grand nombre d'individus fou-laient aux pieds *avec scandale et*

paisiblement les censures, la religion, toutes les vertus, et d'aller
combattre d'abord ceux qui les
recommandaient du moins à l'extérieur par des exemples et des
discours; et les combattre de manière encore à frapper également
les bons et les méchants, à frapper ceux qui se cachaient de peur
de scandaliser l'innocence et la
vertu, comme ceux qui se cachaient seulement de peur d'être
pris et pendus; cet auteur, dis-je,
est-il aussi excusable d'avoir employé cette arme cruelle dans ses
critiques éclatantes et solennelles
d'égarements, ou travers innocents qui accompagnent même

les plus sublimes vertus, qui tiennent à la faiblesse humaine, lesquels n'ont pas plutôt disparu que d'autre les remplacent par une succession aussi nécessaire que celle des pensées frivoles qui assiègent continuellement les esprits forts et les faibles? Une pareille conduite, que je veux bien croire néanmoins l'effet de l'imprévoyance ou de l'erreur dans les cas présents, n'est-elle pas souvent une suite de cette manie effrénée dont j'ai parlé, qui porte les hommes qui en sont possédés à tourner en ridicule leurs concitoyens, quelqu'atti tude qu'ils prennent, à les tourmenter sans fruit, en les

livrant sans raison à la dérision ,
au mépris et à la haine les uns des
autres , et à troubler ainsi le bonheur commun ?

Il serait bon de contenir aussi
dans des bornes plus resserrées
les donneurs indiscrets de leçons
de précaution, qui vont chercher
dans les espaces imaginaires des
subtilités, des manœuvres , des
vices, des perfidies , des crimes
sans noms , sans exemples, ou
très-rares, inconnus à la multitude, pour avertir tout le monde
dramatiquement qu'il ne faut pas
les commettre , ou s'en laisser atteindre; ce qui n'empêche pas, ou

plutôt, ce qui fait, comme je l'ai
dit, que les méchants en profi-
tent pour désoler les bons par des
moyens nouveaux que les uns n'auraient jamais trouvés, et dont les
autres n'auraient jamais eu rien
à craindre sans cette fatale précaution. Par exemple, autrefois
il fallait être un Regnard ou *re-
nard*, pour imaginer les ruses har-
dies, les tours criminels repré-
sentés, ou enseignés, dans la
comédie du *Légataire* et autres;
on voit aujourd'hui de *chétives
pécores* en jouer, ou conseiller
de semblables.

Mais le plus grand, le meilleur

moyen de réformation serait que les auteurs dramatiques, qui ont l'air depuis Molière à ces poltrons qui poursuivent des ennemis en fuite, ou cachés, et n'osent attaquer ceux qui font volte-face, fussent bien convaincus, enfin, qu'au lieu de harceler sans cesse directement ou indirectement les deux premières écoles, ils feraient beaucoup mieux de déployer leur talent et concerter leurs efforts avec ceux du reste de ces écoles, contre la dernière, jusqu'à ce qu'ils soient parvenus, sinon à la détruire, à l'affaiblir, ou la décrier au point que ses disciples, poursuivis, désarçonnés à leur tour et abandonnés surtout de leurs hommes marquants, qui leur servent d'autorité et de point de ralliement (ce qui doit être aujourd'hui un résultat de l'exemple seul de notre vertueux roi), soient forcés enfin, contre l'ordinaire, de chercher une retraite, d'aller *se cacher* dans la seconde école, d'où il sera ensuite d'autant plus raisonnable d'espérer pouvoir les diriger vers la première, qu'il n'y aura plus à choisir alors entre se réformer et se livrer à de plus grands excès.

Il n'y a que ce concert renouvelé de tous les amis de la morale qui puisse arrêter ces désordres, et opérer à la longue une progression rétrograde. Il est nécessaire surtout que la religion, unie à la vraie philosophie, recouvre, par un miracle du courage et de la sagesse de ses organes les plus éclairés, et *persuasifs par le langage et l'exemple de ces douces vertus que recommande le Dieu de bonté et de miséricorde qu'ils servent,* oui, persuasifs par ces moyens; car, loin de nous les vôtres, odieux inquisiteurs, furibonds fanatiques; vous êtes épouvantables! vous ne savez que faire redouter et haïr; il est nécessaire que la religion recouvre, dis-je,

assez de consistance , assez de crédit et d'ascendant pour se faire ,
comme autrefois , respecter et
soutenir par l'opinion publique ,
de manière à obliger de nouveau
ses ennemis à *paraître* d'abord la
respecter aussi , à rendre homma-
ge, du moins extérieurement, à ses
préceptes , à donner de bons
exemples , à se cacher quand ils
font le mal , en un mot, à rede-
venir *hypocrites* ; en repassant
pour monter à la première école,
comme ils l'ont été en descendant
à la dernière.

Ce serait en morale la contre-
révolution la plus complète et la

plus désirable. Je ne la crois pas impossible avec le temps et la persévérance à écarter graduellement toutes les causes principales de désordres, indiquées dans cet écrit et dans plusieurs autres sur le même sujet. Mais je pense invariablement qu'on ne parviendra jamais à détruire d'une manière satisfaisante les plus puissants obstacles à cette régénération qu'avec le secours du moyen que je propose, pour la même fin, dans le second volume du *Traité des causes de l'indigence et de l'immoralité*, etc., que j'ai adressé, comme celui-ci, à tous les hommes raisonnables, guidés

par la religion et la saine philosophie, par l'expérience et le sentiment de la nécessité d'un changement de mœurs, pour leur intérêt particulier autant que pour
l'intérêt général (1).

---

(1) C'est dans cet ouvrage où, pour appuyer
la nécessité du remède que j'y invoque, je
prouve par des raisons et par des faits que dans
un temps ordinaire, à l'âge de notre société,
au degré d'avancement où en sont mainte-
nant les arts, les métiers et le luxe (à moins
qu'il ne s'agisse d'introduire chez nous quelque branche essentielle d'industrie, que nous
aurions encore à envier raisonnablement à
l'étranger), les établissements nouveaux,
surtout les grands et ambitieux que la cupidité attache aux corps des anciens, ne sont
que des superfétations voraces qui en tirent
les sucs, qui détournent la sève industrielle

Les observations et les objections les plus fortes que l'on pourra me faire encore, et que je pres-

---

de ses voies ordinaires, entravent la progression naturelle et la plus juste distribution de l'industrie, lesquelles s'effectuent le mieux possible par la succession constante et régulière des maîtres et des établissements particuliers de tous les genres qui, d'ailleurs, réunissent dans leurs nombreuses communautés respectives, et au plus haut degré actuellement, tous les principes, tous les motifs et moyens de l'émulation souvent prétextée dans les fréquents projets de ces *accaparements* d'industrie ; accaparements encore facilités, pour le malheur des dernières classes, (la déplorable situation actuelle du peuple anglais en fournit une nouvelle preuve incontestable), par la multiplication *sans bornes* des machines, ou bras de bois, qui paralysent funestement ceux des hommes : ce que je crois y avoir bien démontré aussi.

sens en partie, relativement aux entraves que je crois nécessaire d'apporter aux leçons satiriques du théâtre, ne me feront pas départir de mon jugement sur les dangers de leur vague et l'arbitraire de leurs applications; au contraire, ces observations m'excitent à aller plus loin pour les rendre nulles, à faire connaître le fond de ma pensée, sans mitiger, c'est-à-dire à conclure, en dernier résultat, de tout ce que j'ai exposé, que *les attaques dramatiques individuelles, soumises à quelques conditions de rigueur, surtout à celles de la gravité du sujet et de la vérité de la censure , seraient souvent préférables aux généralités contre telle profession ou corporation*, qui ont fait tant de mal sans éviter l'inconvénient des personnalités, et le rendant même plus grand.

En effet , Molière a attaqué en général les faux dévots , ou les prêtres auxquels il a fait le plus grand mal généralement ; ce qui n'a pas empêché qu'on ne fît de sa satire une application particulière : M. de Rochette , évêque d'Autun, a été désigné comme en étant l'objet ; il en a souffert toutes les rigueurs, comme si elle eût été dirigée ouvertement contre lui, et cela sans recours, sans pouvoir repousser l'agression, ni s'en plaindre ou se justifier. Sa situation a donc été pire que si la comédie l'eût désigné *nominativement.*

On particularise ces généralités par des insinuations, par des formes ou petites combinaisons adroites ; il suffit de quelque rapport ou consonnance de noms, de quelques traits de ressemblance dans les accessoires du tableau entre le personnage du théâtre et la personne qu'on a en vue de signaler. C'est en offrant ces sortes de

clefs qu'on a induit aussi une partie du public à voir le portrait de
M. de Montauzier dans le *Misantrope ;* celui du marquis de Soye-
court dans les *Fâcheux ;* ceux de
Cottin, de Ménage dans les *Femmes savantes ;* ceux de tel et tel
médecins dans l'*Amour Méde-
cin,* etc.

En voilà assez pour faire remarquer que la précaution obligée de
généraliser est illusoire, que les
critiques faites sous cette forme
sont pires que si elles étaient, personnelles, puisqu'elles le deviennent *multipliées au gré des passions,* et qu'elles ont par consé-

quent tous les inconvénients dont celui qui donne aux auteurs le privilége d'attaquer et flétrir impunément qui bon leur semble n'est pas le moins grand. C'est pourquoi je n'hésite plus de conclure que l'autre mode d'animadversion est plus susceptible d'être légitimé, qu'il y aurait moins de risque de commettre des injustices, et qu'il serait plus propre à la réforme des mœurs de désigner exclusivement les coupables sur le théâtre, comme cela se pratique *extra*, de les attaquer directement de la manière vigoureuse dont M. Marguerit a donné l'exemple récemment dans les

combats qu'il a livrés aux administrateurs de la caisse de Lafarge,
Malgré le dernier résultat de ce
grand procès, cette nominative et
rude attaque a plus épouvanté et
tiendra plus en respect les chefs
de tontine que vingt comédies
vagues, fussent-elles intitulées :
les Tontinéries ou *Tontinières*,
représentant la mauvaise foi, la
honteuse avidité, les faux calculs,
les jeux cupides, en un mot, les
iniquités de ces admiuistrations
et d'autres prises en masse auxquelles ne président point des La-
rochefoucaulds.

Je suppose que Molière, avec

son terrible comique, au lieu d'attaquer confusément tous les tartufes, en eût appréhendé ouvertement un seul dont la fourberie
lui était le mieux prouvée ; il aurait jeté l'alarme parmi les impos-
teurs exclusivement, parce que
la faute se présentant personnelle,
comme l'attaque à l'esprit des
spectateurs, la flétrissure se serait
arrêtée à la personne, et la ter-
reur aux hypocrites. Les honnêtes gens, les vrais dévots, les bons
prêtres, n'auraient pas été plus
affectés ni plus compromis dans
ce cas que nous ne le sommes tous
chaque fois que la justice appré-
hende et punit personnellement

un scélérat attaché à notre profession qui prenait, comme Tartufe, tous les dehors d'un honnête
homme. Par ce moyen on mettrait
aussi un frein à la malignité, *on
esquiverait les bons offices* des
agents de la troisième école, et
l'on pourrait critiquer ou satiriser avec fruit.

L'injustice de déshonorer et avilir une profession par des critiques ou satires vagues est d'autant
plus grande que le vice ou la corruption n'est pas attachée particulièrement à tel ou tel état, qu'elle
appartient aux personnes, ou aux
mœurs, au siècle, en un mot, et

que tous les états recèlent dans la même proportion, à peu-près, des hypocrites et des fripons. S'il y a des dévots et des gens d'église qui trompent, quelle autre classe de la société ne fourmille pas de menteurs et de trompeurs ? Si les gens de robe, tant persécutés aussi sur le théâtre, embrouillent les affaires pour avoir plus de raisons de rançonner les clients, les commerçants falsifient les marchandises, vendent à faux poids et à fausses mesures ; le marchand de comestibles nous fait manger des *drogues* ; le marchand de boissons nous fait boire du poison ; l'orfèvre nous vend des objets d'or plaqué ou mêlé pour de l'or pur ; le bijoutier des pierres fausses pour des pierres fines ; le drapier du drap de Verviers pour du Louviers ; le fripier vend, à faux jour, du drap taché, rapé, rapetassé, en assurant qu'il est tout neuf, et qu'il fera honneur ; le mercier vend de la toile de Rouen pour *du Jouy*, des mouchoirs brûlés et mauvais teint, pour excellents et bon teint ; le bonnetier de la laine de Picardie pour de la Ségovie ; le chapelier du lapin pour du castor ; le fourreur du loup des Ardennes ou du bois de Bondy pour du loup de Sibérie ; l'épicier de l'eau de *mort*

pour de l'eau-de-vie ; le confiseur
du miel pour du sucre : le boulan-
ger n'est ni plus ni moins fripon
que les autres ; le rôtisseur vend
de vieux coqs déchaussés pour des
poulets ; le pâtissier vend des pâtés de sansonnets ou de *pierrots*
pour des pâtés de bécassines ou
de mauviettes, et le limonadier de
la chicorée pour du café Moka ;
le boucher vend de la vache pour
du bœuf, et pèse avec *le coup
de pouce* ; le chandelier du suif
pour de la bougie ; le tabletier de
l'os pour de l'ivoire ; l'imprimeur
contrefait , le libraire vend les
contrefaçons ; le tailleur met *dans
son œil*, le fournisseur dans sa

poche ; les caissiers, receveurs, payeurs, vident les caisses, violent les dépôts, prêtent à usure, grippent des sous, ou emportent tout ; les maçons font des maisons *en musique*, ou d'une bâtisse légère, qu'ils vendent pour très-solides ; les architectes, entrepreneurs, peintres, paveurs et toiseurs, comptent des pieds pour des toises, demandent des mille pour des cents ; les horlogers et les médecins, qui travaillent à peu-près également dans l'ombre, par rapport à nous, désorganisent, dérangent nos montres et nos santés pour assurer leurs revenus, et se font bien payer le tems et l'art qu'ils ont employés à faire le mal. Les seconds sont incomparablement plus dangereux, parce qu'il faut *qu'ils nous passent sur le corps* pour arriver à notre argent, etc. Je m'empresse de répéter ici ce que j'ai dit déjà ailleurs: hommes honnêtes de tous les états, puissé je ne pas vous flétrir même par cet énoncé simple et naturel, dépouillé de jeu magique! Je reconnais vos droits à mes hommages, et je vous les offre avec autant de plaisir que vous me trouvez de dureté à rendre mon mépris pour ceux qui déshonorent si cruellement vos professions. Je renouvelle aujourd'hui ce vœu que j'ai déjà formé, pour que les hommages qui vous sont dûs vous accompagnent jusqu'au - delà du tombeau ; qu'il soit fait une distinction nationale entre la mémoire d'un homme vil qui a passé sa vie à déshonorer sa profession, autant qu'il fut en lui, à tromper, à affliger ses concitoyens, dont il a mérité le mépris et la malédiction, et la mémoire de l'homme probe et bienfaisant qui emporte avec lui la bénédiction, les regrets et les larmes de ceux qui l'ont connu ; et que le nom chéri de ce bon citoyen soit proclamé et célébré ; que ses restes vénérables soient conduits au dernier asile par un père de la patrie, entourés des honnêtes gens dont il s'est fait aimer, des infortunés qu'il a secourus et qui pleurent sa perte!

Voici un autre exemple qui rend encore plus palpable l'inutilité et les dangers de jouer ou attaquer confusément le vice dans une corporation. Depuis qu'il existe des théâtres, les criticomanes ont harcelé les procureurs au point que cette dénomination était si avilie et devenue si odieuse qu'on a cru devoir la changer et y substituer celle d'*avoué*, pour tâcher de faire entendre qu'il y avait eu à leur égard régénéraion ou épuration; que les nouveaux ne ressemblaient pas aux anciens, qui étaient *désavoués*; ils étaient effectivement traités de fripons, de voleurs tous indistinctement, et cela, je le dis pour la centième fois, parce qu'on les jouait *indistinctement*, de cette manière vague et indéterminée qui atteint les bons comme les méchants; les probes qu'elle empêche de faire le bien, comme les fripons qu'elle n'empêche pas de faire le mal, qui se cachent même plus adroitement derrière les autres, se perdent dans la foule où ils se montrent moins affectés des traits de la satire que les plus délicats. On s'y prend ainsi pour les punir, sous prétexte que la loi ne peut les atteindre ; mais en réfléchissant sur son résultat, on trouve là un étrange supplément à cette loi qui n'est arrêté que par la crainte de se tromper, de punir les bons pour les méchants. La loi ne peut pas vouloir qu'on atteigne de cette manière les fripons d'une classe quelconque, plus qu'elle ne veut qu'on atteigne les fripons d'une ville en faisant passer tous les habitants par la main du bourreau.

Et bien loin encore que toutes ces éternelles leçons qu'ils écoutent de sang froid, comme ne les concernant pas, ou dont ils rient eux mêmes et font des applications à leur gré, les aient corrigés ; elles ne les ont pas même intimidés ; on a vu constamment ces chicaneurs déhontés, ces embrouilleurs d'affaires, ces fléaux des familles, couverts de la dépouille de la veuve et de l'orphelin, se multiplier, aller la tête levée, se présenter avec assurance, faire baisser les yeux aux honnêtes gens, parler de délicatesse et de justice plus haut que les de La Haye et les Valton.

Mais puisque ces vampires ne sont pas chimériques, qu'ils existent trop réellement, que tout le monde est convaincu de leur brigandage, et qu'une multitude de faibles victimes sans argent, sans interprètes, dont les plaintes isolées ne sont pas entendues, en peut fournir des preuves incontestables, pourquoi des écrivains sensibles, amis de l'ordre et protecteurs énergiques des opprimés, n'en pourraient-ils prendre fait et cause? pourquoi n'appliqueraient-ils pas leur zèle à se mettre en mesure de diriger avec prudence et d'une main ferme contre tel individu pervers les traits qu'ils lancent si malheureusement contre le corps auquel il appartient? Qu'ils réfléchissent donc combien il y a de lâcheté à craindre d'attaquer un membre certainement coupable et vil, lorsqu'ils ne craignent pas de frapper cruellement sur le corps entier qui renferme beaucoup d'honnêtes gens. N'en doit-il pas plus coûter à une âme délicate d'affliger ainsi l'innocent en le confondant avec le coupable ? Sa responsabilité n'est-elle pas plus grande devant le tribunal de sa conscience que celle qui l'inquiète de l'autre part, laquelle *le courage et la vérité* mettraient à couvert, parce qu'ils seraient soutenus par la sagesse et l'équité des tribunaux d'appel ?

On éprouve que par cette franche direction des censures, les hommes droits et irréprochables seraient hors d'atteinte, plus respectés et plus tranquilles ; que les pervers seuls, qui ne pourraient plus dissimuler ni s'esquiver, seraient toujours inquiets, tourmentés et retenus par la crainte, de temps en temps justifiée par de bons exemples, qu'un observateur grave et silencieux, après avoir rassemblé secrètement les preuves irréfragables de leurs iniquités personnelles, ne leur coure sus, et ne les fouette avec la verge d'une sanglante satire. Il n'est pas douteux que cette crainte que cha-

.cun aurait seulement, ou surtout pour soi-même, ne fût un frein plus puissant que celle qu'on a aujourd'hui en commun avec toute une corporation, quelquefois avec tout le genre humain.

Elle aurait encore l'effet salutaire de pouvoir peu à peu s'étendre à la foule immorale des particuliers inattaquables autrement, des parasites et lâches complaisants qui flattent les vices, qui fréquentent et caressent les fripons heureux qu'ils encouragent, dont ils soutiennent l'impudence, par qui le crime est sciemment plus honoré, mieux défendu que l'in-

nocence même. Ces hommes ,
quoiqu'au fond indifférents à
l'honneur et à l'honnêteté, crain-
draient cependant d'être produits
ou simplement nommés en scène
comme *faisant la société* de ces
infâmes , et partager publique-
ment leur infamie , sans avoir
une plus grande part aux avantages dont elle est le prix Ils s'en
éloigneraient , ils les laisseraient
dans la solitude du mépris avant
le jugement qui doit les y condamner. Oui, un épisode, une
scène, et même une simple cita-
tion, un trait lancé à-propos, en
un mot, un coup de plume suf-
fira souvent pour porter ces arrêts

imposants dont la sévérité pourra par ce moyen se graduer sur la gravité des délits ou des défauts, ce que les Athéniens ont trop négligé, etc., etc.

Cet éloignement, ce mépris des heureux scélérats, ou cette indirecte et irrépréhensible censure *des chefs de file* des vices et des honteuses industries, si elle pouvait être ramenée par ce moyen, avec la maxime oubliée, *dis-moi qui tu hantes, je te dirai qui tu es*, deviendrait un des plus puissants ressorts de l'amélioration. Les premières attaques publiques, en réparation de la sorte de ca-

lomnies que les auteurs commet-
traient parfois ainsi, loin d'alarmer,
devront faire présager une heureuse révolution. Il faudrait bien
accueillir les justes plaintes, et ho-
norer les plaignants.

Quel plus digne emploi des
écrivains dramatiques ou autres
peuvent-ils faire de leur temps et
de leurs talents ? Les lois romai-
nes punissaient un voisin qui ne
garantissait pas le serf outrageuse-
ment traité par son maître ; les
Egyptiens déclaraient coupables
de mort un passant qui ne donnait point de secours à un autre,
même inconnu, qui était assailli

par des brigands ; et les plus ho-
norés des Français seraient toujours si tranquilles spectateurs
de l'oppression, de la ruine et des
larmes de leurs malheureux concitoyens, lorsqu'ils ont en leur
pouvoir des moyens de les proté-
ger et de leur épargner de si
grands maux ! Mais, que dis-je!
on pourrait citer bien des exemples d'hommes généreux qui ont
pris spontanément la défense personnelle du faible opprimé: je n'ai
donc qu'à faire le vœu que ce dévouement soit encouragé tant sous
l'ancienne que sous cette nouvelle
forme, qui n'entraînerait point
une plus grande responsabilité

que l'autre, et qui attesterait mieux le courage des auteurs et la sincérité de leur zèle que les imprudences accoutumées rendent si douteux qu'on est quelquefois forcé de croire que les uns sont au moins indifférents aux désordres qu'ils combattent, et que les autres seraient fâchés qu'ils manquassent à leur verve ou à leur ambition.

Ces auxiliaires généreux ou sentinelles avancées des tribunaux ordinaires, qu'ils éclaireraient et soulageraient en prévenant bien des désordres, seraient les appuis familiers et invisibles, les anges gardiens temporels des faibles, l'espoir des opprimés, et l'effroi des oppresseurs les plus cauteleux de toute espèce, qui n'échapperaient pas à la verge ailée, preste et prochaine de leurs satires aussi facilement qu'ils échappent au glaive lent, formaliste et éloigné de la justice, surtout lorsqu'ils n'ont à faire qu'à d'obscurs et malheureux plaignants, non-seulement dont ils étouffent la voix, mais dont on les a vus même, à force de sacrifices et de séduction, ou d'effronterie, et de ruses de chicane, obtenir encore réparation.

L'utilité de légitimer et bien

organiser cette justice intermédiaire qui n'aurait d'action que sur les justiciables de l'opinion, qui n'appellerait sur eux que la peine intermédiaire aussi de la honte et du ridicule (et tout au plus de la surveillance spéciale du ministère public qui, même dans les cas d'une certaine gravité, bornerait là son intervention, en vertu d'un pouvoir discrétionnaire *ad hoc*), et ferait alors concourir efficacement à la réforme ce puissant et précieux moyen de répression, dont toutefois, ainsi que je viens d'en faire le vœu, il ne serait plus fait d'application inconsidérée aux écarts et défauts légers qui n'excluent point l'honneur ou la droiture de l'âme ; l'utilité, dis-je, de cette sorte de tribunal correctionnel de première instance, qui ne décernerait ses peines morales que pour en prévenir d'afflictives et plus graves, me paraît frappante dans ce temps de perversité et de dépravation générale où tant d'hypocrites de toute espèce que la loi ne peut atteindre, serpentent long-temps dans la société, et rusent paisiblement, font, comme on dit, tout juste ce qu'il faut faire pour ne pas être pendus, et deviennent ainsi des scélérats endurcis ; dans ce temps où les tribunaux existants, encombrés de coupables, suffisent à peine, et seront bientôt obligés, *s'ils ne le sont pas encore*, de fléchir, de fermer les yeux souvent, ou tolérer les désordres, par l'impossibilité d'en juger et punir tous les auteurs, dont un grand nombre, leur repentir, l'abîme de regrets et de douleur où on les voit plongés après leur condamnation, ne permét pas d'en douter, dont un grand nombre, dis-je, ne sont arrivés au point d'avoir encouru les peines les plus graves et infamantes, que pour n'avoir pas été arrêtés dans la route du crime, ou par l'effet, ou par la crainte d'un premier et moindre châtiment plus difficile à éviter.

Cette jurisdiction du théâtre, moyennant une dernière modification que je vais proposer, remplirait le plus heureusement possible le vide plus dangereux aujourd'hui qui se trouve entre l'état d'innocence et celui de la corruption et du crime. C'est en parcourant trop librement cet intervalle que tant de mauvais exemples impunis et impunissables par la loi en montrent les voies détournées à la jeunesse, lui apprennent à se jouer de la morale et des principes, ôtent peu à peu à la justice et à l'humanité leur empire sur les cœurs. La société jouirait ainsi des avantages de cette autre législation qui, d'après un célèbre magistrat, *pourrait encore largement moissonner dans le vaste champ laissé hors du domaine des tribunaux.*

Mais je vois de grands obstacles à la marche régulière et perfectionnée de cette jurisdiction. Je crois pouvoir les lever en grande partie. Il est nécessaire auparavant que je retrace quelques autres vérités dures contre son organisation actuelle, plus que contre ses agents.

En présence d'institutions de toute espèce et pour tout besoin, organisées avec un soin scrupuleux, suivant toutes les règles de la prudence, dont les maîtres et sous-maîtres sont choisis par des supérieurs qui ont passé par tous les grades, subi eux-mêmes toutes les épreuves, les concours, les examens sévères sur les études et la capacité, sur les principes et la moralité, épreuves qu'ils font subir aux aspirants avant de leur accorder le droit d'instruire et former les autres, droit qui encore n'est que la faculté de transmettre *avec une autorité respectable à leurs élèves ou disciples soumis, obligés de les écouter, des préceptes ou des leçons dès long-temps préparées et approu-*

vées, déclarées classiques, après avoir été épurées au creuset de la sagesse et de l'expérience; en présence de semblables institutions, dis-je, et de tels instituteurs, je vois une confusion de professeurs, auteurs, acteurs et actrices, ou maîtres et maîtresses, d'une institution différente, isolés, éparpillés, aventuriers, errants, sans unité, obscurs ou distingués, estimables ou méprisables, licencieux, effrénés, etc., qui ont la plus grande influence sur les mœurs qu'ils font métier de corriger, sans être obligés de prouver qu'ils en ont, et trop souvent sans en avoir; qui sont

sans mission régulière, sans titre
ou sans caractère (observez qu'il
ne s'agit pas ici d'écrivains qui pu-
blient simplement leurs pensées ;
mais d'instituteurs qui ont des
écoles ouvertes dans toute l'Europe, qui appliquent leurs soins
presque à tous les genres d'instruction, qui se chargent de l'é-
ducation et de la réforme des
deux sexes, des trois âges et de
toutes les conditions) ; sans titre,
dis-je, sans guide, sous le rapport
essentiel, dont la dépendance im-
médiate est nulle dans l'intérêt des
mœurs, qui n'ont que des chefs
d'entreprise, ou spéculateurs, trai-
tants, hommes ou femmes, pieux

ou impies, croyants ou athées, édifiants ou scandaleux, à qui il suffit surtout d'avoir de l'argent et de l'industrie pour diriger une troupe de comédiens, ou maîtres de cette école, choisis comme eux; qui, étrangers au grand corps constitué centre de l'instruction et de l'éducation publiques, et sans être astreints à aucune de ses plus importantes formes de garantie, jouissent également du droit d'instruire et de former ou réformer, en transmettant, non en maîtres, avec une autorité respectable, des préceptes ou leçons dès long-temps préparées et approuvées, mais en sujets trem-

blants, des leçons toutes nouvelles et hasardées pour la plupart;
non à des élèves soumis et obligés
de les écouter, mais à des disci-
ples-juges auxquels ils sont obligés, au contraire, de soumettre et
préceptes et leçons, et leurs personnes mêmes, qui sont tous sifflés
ou applaudis, rejetés ou admis,
selon le goût et le bon plaisir *des
écoliers.*

D'où il arrive, confirmative-
ment parlant, que, loin de con-
trarier les mauvais penchants naturels ou acquis de la multitude,
et viser à les corriger, comme ils
s'y engagent, les auteurs, pour
être applaudis et admis, les flat-

tent, les favorisent, et par là for-
tifient les vices et propagent la
corruption. Voilà pourquoi les
institutions légalement ou dûment
constituées, purement et directement répressives, n'ont été occu-
pées depuis si long-temps, sans
pouvoir y suffire, qu'à arrêter les
désordres produits par une école
discordante, dont les maîtres mar-
chent en sens contraire des autres.

Considérés sous ce point de
vue, les comédiens allant de ville
en ville, ou de spectacle en spectacle, *vendre un tel plaisir et de
telles leçons*, ont en effet le plus
grand rapport avec ces empyri-

ques, non-aggrégés aussi, qui courent les pays ou les rues, vendant du baume et du vulnéraire qui empoisonnent.

Pour dissiper parfaitement et sans retour les anciens préjugés existants contre cette profession diffuse et disloquée, et en ennoblir les fonctions, donner toute considération à ceux qui les exercent, et les mettre dans la seule situation propre à en remplir dignement le plus important objet, en un mot, pour arrêter dans sa principale source le mal que les spectacles font, je ne crois pas qu'il y ait de moyen plus naturel

et plus sûr que *d'affilier* ou ag-
gréger l'école théâtrale au grand
corps d'instruction et d'éducation
nationales, *à l'université*, qui
doit en effet toujours être le centre, former l'unité de toutes les
écoles publiques de morale.

Afin de parvenir au but éloigné,
aussi difficile à atteindre qu'il est
désirable, j'en conviens, d'accorder
leurs moyens respectifs d'instruction et de réforme, de coordon-
ner leurs principes et réglements,
leurs systèmes ou méthodes, et
les mettre assez en harmonie pour
qu'à l'avenir les écoles complémen-
taires du théâtre tendent vérita-

blement au complément, à la perfection et au maintien de l'éducation précédente des autres écoles,
ou du moins pour qu'elles n'en dé-
truisent plus l'effet par un second
apprentissage de la vie tout-à-
fait opposé au premier; pour parvenir, dis-je, à ce but désirable,
sine quo non mores, il sera nécessaire alors que l'élite des auteurs et artistes dramatiques, que
ces hommes distingués, recommandables par leurs mœurs autant que par leurs talents, et par
leur influence ou ascendant sur
leur société soient adjoints au
conseil d'administration générale
de l'instruction publique, et pren-

nent part à ses délibérations, dont ils seront chargés de transmettre les résultats aux conseils égale-ment combinés des écoles des dé-partements, avec lesquels ils en-tretiendront une correspondance habituelle.

Les conséquences de cette ag-grégation et de l'assimilation cou-lent d'elles-mêmes. Si on n'y voit pas celles que le succès des pièces et des acteurs soit plus assuré, on y voit qu'ils seront écoutés avec des préventions plus favora-rables, traités plus décemment, et mieux jugés. On y voit que dans le cas où les traits d'une satire au-

raient été mal dirigés, on trouverait peut-être dans ce tribunal
de mœurs une voie d'appel ou de
réparation, qui n'existe pas, qui
est impossible aujourd'hui, par
défaut d'unité ; ce qui compléte-
rait l'institution de la justice intermédiaire et la contiendrait dans
les limites de sa compétence. On
y voit quelque chose de précieux
par dessus tout : on y voit que
les passions seraient le plus sagement contenues ; que les goûts dé-
pravés, que toutes les licences
corruptrices, seraient le plus rigoureusement réprimés ; que les fa-
bles dangereuses, bien que pi-
quantes, comiques ou pathétique

seraient rejetées, et, par conséquent, que la morale pourra être
mise en sûreté, sans que les socié-
taires et autres bien intentionnés
puissent avoir à se plaindre, puisque la censure sera exercée dans
la meilleure forme possible, par
leurs pairs assemblés ; lesquels
pourraient aussi mieux apprécier
alors cet axiome : *Naturam re-
pellas furcâ, usque tamen re-
curret ;* et faire une plus sage ou
plus profitable distinction, 1° entre les vices inexpugnables de nature, qu'on ne peut que contenir,
et les vices de civilisation qu'il
faut combattre franchement, comme le courageux *Alceste* le fait

dans les faquins et les intrigants, qu'il désigne ; 2° entre
les travers d'esprit, les ridicules
et les préjugés susceptibles d'être
corrigés actuellement par le théâtre, et ceux qui doivent être encore respectés, ou corrigés par
des moyens plus doux, à cause de
leur adhérence à des parties déli-
cates de la morale, à des vertus
que l'action *trop violente* ou *trop
prolongée* du premier remède dé-
truirait avec eux.

Si le conseil, ou la commission
composée, croyant ne devoir pas
renoncer tout-à-fait à l'ancien domaine de la comédie, préférait

quelquefois encore aux attaques directes et personnelles les satires vagues et indéterminées, ce serait, en prescrivant de les exercer avec des ménagements et tempéraments nouveaux, avec des contre-poids mieux calculés en faveur des hommes paisibles et innocents qui se trouvent confondus avec les coupables; par exemple, avec l'attention de donner à la scène un air de famille, de la composer, autant que possible, de gens de la même classe, d'y faire censurer le plus fortement le coupable par des personnages réputés estimables, de son âge, de son rang, de son état et de sa qualité.

Si, dans le tableau du Tartufe, on avait mis en action, et opposé à ce personnage odieux un vrai dévot, du même habit et à peu près dans la même situation, lui parlant sincèrement le langage de la religion, se livrant aux mêmes exercices pieux, faisant l'aumône ou d'autres bonnes œuvres par une charité non suspecte, en blâmant et censurant son hypocrite collègue, les suites de cette satire n'auraient certainement pas été aussi fâcheuses; parce que le vrai dévot se serait attiré et aurait conservé, au profit de la dévotion ou de la religion, la considération que le scandale de la conduite du Tartufe lui a fait perdre.

La commission , moyennant ces précautions et d'autres nécessaires pour éviter le danger des applications particulières et injustes, croira peut-être pouvoir conserver aussi aux théâtres le droit de poursuivre *en masse* de simples ridicules ; c'est-à-dire, de gloser et s'égayer sur les faiblesses , les défauts , les erreurs, les préjugés, qui sont censés affecter indistinctement toutes les classes de la société ; mais je ne doute pas qu'elle n'encourage plus efficacement qu'on ne peut le faire aujourd'hui , surtout le genre de spectacles convenable à toutes les conditions et à tous les âges ; celui dans lequel la morale est véritablement respectée et défendue, dans lequel le charme du naturel, celui de l'esprit sage et une gaîté décente, s'associent aux convenances et à l'intérêt du sentiment ; dans lequel, par conséquent, on ne souffre point de ces comédies faites bien moins dans l'intérêt de la réforme que dans le goût de la malignité et le sens de la dégénération, où on voit le vice fardé et séduisant triompher, au milieu des éclats de rire, de la vertu défigurée et avilie.

POST-SCRIPTUM.

Quelqu'un s'occupe en ce moment de faire l'application de mes principes de censure à un individu malfaisant et ambitieux, qui s'enorgueillit de ses astuces et de son audace imitées d'intrigants célèbres, restés impunis, qu'il prend pour exemple.

« Si je ne démontre point, dit-il, par des preuves bien établies, par des faits matériels et incontestables, qu'il a l'âme fausse et perverse, que sa conduite est celle d'un de ces brigands déguisés et heureux qui troublent le repos des honnêtes gens, et entretiennent les malheurs de mon pays, qu'en réparation de la calomnie, et pour un exemple aussi salutaire, je sois moi-même traité comme un perturbateur; que j'en sois banni pour toujours de ma chère patrie, et que le désert le plus lugubre devienne le lieu de mon exil et de ma sépulture! »

Cette manière directe et courageuse de terrasser un lâche imposteur paraît aussi à cet homme sensible, qui a déjà donné plusieurs autres preuves de son amour du

bonheur commun, la plus sûre
pour éviter de compromettre, ou
confondre avec de méprisables
intrus, audacieux agents d'iniquités, les hommes les plus utiles et
les plus chers à la société, des magistrats intègres, des administrateurs et chefs vertueux, justes et
vénérables, sincères amis de leur
prince, véritables soutiens du gouvernement, qui savent faire respecter les lois en les respectant
eux-mêmes.

En attendant ce nouvel exemple d'un malfaiteur hypocrite appréhendé personnellement, dé-
masqué et puni, je crois bon de

donner l'extrait suivant d'une ancienne plainte, dans l'espoir de la faire concourir avec tant d'autres plus récentes du même genre, à rappeler et rétablir enfin, d'une manière stable, la sécurité et le bonheur, dans une grande division de la société, dans toutes les administrations nationales, côté du domaine de la patrie, où une portion considérable de citoyens honnêtes et utiles, dont la plupart, pères de famille, végètent dans la plus grande anxiété, sont toujours dévorés d'inquiétudes, étant les éternels jouets du caprice et de toutes les passions des méchants qui les entourent.

Extrait d'une brochure inti-
tulée: Du Régime Bureaucra-
tique, ou un Mot au gouver-
nement sur le sort d'un com-
mis.

Comme dans une révolution du
globe, les forêts étant boulever-
sées, les arbres déracinés sont en-
traînés avec confusion par des tor-
rents qui les jètent et les entassent
dans des ravins profonds, où,
privés de tous les moyens de vie
et de conservation que la nature
leur avait préparés, ils se décom-
posent et tombent en corruption;
ainsi, dans notre révolution politique, la société ayant subi un

grand bouleversement, les hommes déplacés ont été jetés et en-
tassés confusément dans les administrations, dans ces *ravins ci-
vils*, où, dépouillés de tous les
éléments dont l'âme sensible et
bien née compose son bonheur,
privés de toute sécurité relativement aux points qui y sont les
plus essentiels, asservis de fait,
ne jouissant que très-illusoirement
des droits de citoyen et des bienfaits de la liberté, ils s'énervent
et s'abatardissent....; ou souffrent
cruellement dans un réel escla-
vage, tantôt témoins, tantôt victimes des plus révoltantes injustices, sacrifiés tour-à-tour à l'esprit

de parti, aux affections de cote-
rie, à la cupidité, à l'intrigue, à
la bassesse, à l'ineptie ; et, ce qui
est le comble de la honte et des
tourments de leur servitude, trop
souvent soumis à cette espèce d'é-
lus devenus leurs chefs, leurs
juges, les arbitres de leur sort ! (1)

. . . .
. . . .
. . . .
. . . .

---

(1) Je proteste ici contre toute application
particulière. « *Quare irasci mihi nemo pote-*
rit, nisi qui ante de se voluerit confiteri ».
Les hommes de mérite, les administrateurs
et chefs dignes de juger et conduire leurs
semblables, dont ils pèsent les droits avec
impartialité, et dont ils ménagent avec at-

De tant de modes d'oppression anciens et nouveaux, de ce pouvoir effréné, toujours menaçant, de lui ôter sa place, c'est-à-dire,

tention la délicatesse et la sensibilité ; parce qu'en étant doués eux-mêmes, ils peuvent sentir pourquoi il faut en agir ainsi ; ces hommes que je respecte et chéris , concevront que j'attaque en général un désordre sur lequel ils gémissent sans doute les premiers , désordre qu'il est bien important d'arrêter enfin par quelque forme garantissante, comme par une loi de la discussion *non fictive* des causes de suppression et réforme , et par le rétablissement de l'ordre d'avancement , soutenu particulièrement ; ce qui laisserait l'envie et la faiblesse, toutes les coupables intrigues des protégés et des protecteurs, sans appât ou sans espérance. Combien de démarches inhumaines , que de turpitudes seraient prévenues !

son pain et celui de ses enfants, il résulte incontestablement, ainsi que je viens de le dire, qu'un employé manque tout-à-fait de la sécurité la plus essentielle au bien-être ; il en résulte que, libre de droit, il est de fait l'esclave d'un homme, même sans vertu, devant lequel il doit trembler et se courber, d'un homme qui, placé fortuitement entre lui et les autorités légales de son pays, en arrête l'action à son égard, l'empêche d'en ressentir les bienfaisantes influences, et rend illusoire par conséquent la jouissance de ses droits.

Que nous importe, en effet, que nous sert ce plus précieux don

de la liberté, le droit de vote et
de suffrage, le droit de contribuer
à l'élection de nos législateurs, de
nos magistrats communs dont les
rapports avec nos personnes, avec
nos intérêts *présents et sensibles*,
sont indirects ou éloignés, lorsque, d'un autre côté, on nous en
donne de particuliers, sans forme
protectrice, qu'il nous faut ac-
cepter bon gré mal gré, avec
lesquels nous sommes continuellement en contact, qui sont si directement et à un tel point les
maîtres de notre état, qui peuvent
nous faire tant de mal impunément ! Que nous importe la révolution, que nous importe telle ou

telle forme de gouvernement? dans toutes les chances notre situation se trouve la même. Les avantages ineffables du nouveau pacte social, nous ne pouvons que les entre-voir de loin, derrière nos magistrats arbitraires, comme un prisonnier aperçoit, à travers les barreaux de sa prison, quelque lueur du soleil, ou des traces d'une belle campagne qu'il ne peut parcourir. Nous ne sommes pas plus heureux aujourd'hui par la liberté de notre pays que nous ne le fûmes de la liberté de l'Amérique. Nous lui faisons de grands sacrifices, nous avons payé cher aussi ses bienfaits, nous l'aimons cependant !

La remarque suivante m'a depuis long-temps affecté, dans le cas actuel surtout. La société veut qu'à l'âge de raison tous ses membres jouissent de leurs droits en toute plénitude, ou ne soient soumis qu'à l'empire des lois générales et positives qui la régissent; c'est pourquoi, se défiant de la perfection de celles de la nature, voulant prévenir ses injustices ou ses erreurs, et l'amour, la tendresse paternelle, les affections intimes et cordiales d'un père pour son enfant; les gages qu'il lui en a donnés depuis son berceau, ne paraissant pas encore à sa sollicitude des garanties suffisantes, l'enfant étant parvenu à cet âge, elle l'affranchit du pouvoir paternel, pour le mettre à l'abri de ses abus ; *elle lui assure soigneusement ce que son père lui doit;* et ici, par une inconséquence trop peu sentie, elle l'abandonne et le laisse à la merci du pouvoir et des passions d'un inconnu, ou d'un étranger de fait plus puissant sur lui que son père même, avec lequel il n'a que de froids rapports, et dont rien ne lui garantit la bienveillance, ni même la justice.. ! Mais voici plus qu'une inconséquence, c'est le plus complet renversement de l'ordre ; je l'aperçois cet homme

respectable, ce père tendre dépouillé de son autorité, voilà qu'il
gémit lui-même dans un bureau,
sous la tutelle d'un fat inhumain,
émancipé de quelques jours, qui,
par abus de pouvoirs, le prive de
ses droits, lui rend la vie insupportable !...

J'entends ses plaintes amères ;
il parle au nom de la nature, il
accuse la société d'être trop mé-
fiante d'un côté, et trop confiante
de l'autre ; il lui reproche sa rigueur contre une loi naturelle
dont elle aurait dû plutôt imiter
la sagesse. Tous ceux, dit-il, de
qui le pain d'autrui dépend, ces

supérieurs de toute espèce sont
d'autres pères de votre création ;
achevez donc votre ouvrage ; ren-
dez-les propres à leur destinée ;
assurez aussi à leurs enfants ce
qu'ils leur doivent ; comme la nature, en formant les siens, a imprimé dans le fond de leurs cœurs
des lois auxquelles ils ne peuvent
résister *sans remords* ; ainsi, en
formant les vôtres, imposez-leur
des devoirs auxquels ils ne puissent manquer *sans châtiment.*
Alors nous pourrons participer
au droit commun, et notre patrie
cessera d'être pour nous un séjour de tristesse, de combats et
d'angoisses continuelles, séjour de

honte et d'humiliation, séjour
cent fois plus malheureux que celui du désert le plus sauvage!.. Et
les hommes généreux, doués d'une
âme droite et libre, qui s'unissent
aujourd'hui à cette voix plaintive,
béniront à jamais leur Roi et leurs
lois constitutionnels.

FIN DU SECOND ET DERNIER VOLUME.